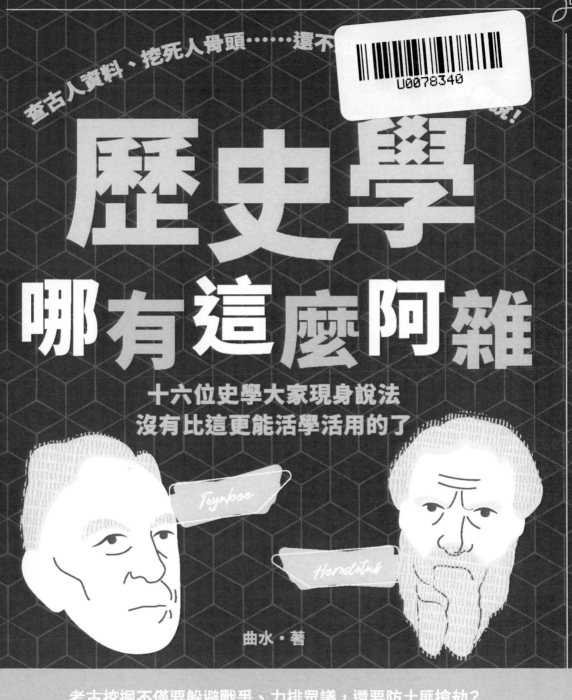

查古人資料、挖死人骨頭……還不止

歷史學
哪有這麼阿雜

十六位史學大家現身說法
沒有比這更能活學活用的了

Toynbee

Herodotus

曲水・著

考古挖掘不僅要躲避戰爭、力排眾議，還要防土匪搶劫？
寫史書要不得罪當權者而歌功頌德，還是對後世負責而剛正不阿？
縱觀歷史，怎樣才能稱得上「大國」？其興衰是能夠預測的嗎？

古今中外的歷史學家，從希羅多德到司馬遷、塔西陀到呂思勉，

★ 全方位的歷史學課堂，教你怎麼學歷史、看歷史、用歷史！★

目錄

目錄

序言

「歷史學是什麼？」

「就是對歷史的專門研究，簡稱史學，也稱為歷史科學。」

「好抽象，歷史學具體是做什麼？」

「歷史學既要研究歷史，還要對歷史發展規律進行總結，並且包括研究歷史所用到的一些方法和理論。」

「那歷史又是什麼？」

「這個還真不好下一個確切的定義，生活在不同時代和不同社會，以及處在不同社會地位的人有不同的答案。」

「說來聽聽？」

「19 世紀法國古朗治說：『歷史不過是過去所發生的一切事件的累積，是人類社會的科學』；19 世紀末德國伯恩海姆說『歷史是人類發展的一門科學』；義大利克羅采認為『一切真正的歷史都是當代的歷史』。」

「這又是過去，又是現在的，搞得我都頭暈了，有沒有一個普遍的定義啊？」

「廣義上歷史可以指過去發生的一切事件，這些事件不一定跟人類社會有關聯；狹義上歷史僅指人類社會發生、發展的過程。」

「世界上歷史著作那麼多，我們該怎麼區分它們？」

「可以根據不同的標準將這些歷史劃分為不同的系列。比如：按地域可分為世界史、國別史、地區史等；按時間可分為通史、斷代史、階段史等；按種類可分為人類歷史、動物歷史、植物歷史、地球歷史等；按學科

可分為文學史、藝術史、哲學史、宗教史、民俗史、神話史、美術史、教育史、經濟史、自然科學史等。」

「聽起來很高深啊！這麼高深的學問學完後有什麼用呢？是能讓我升職加薪，還是升官發財？」

「都不能。」

「那能讓我健康長壽嗎？」

「也不能。」

「什麼用都沒有，那我幹嘛學它？」

「無用之用，是為大用！」

「什麼意思？」

「在幾千年的歷史長河中，有很多散發著大智慧的書。它們在那裡熠熠生輝，等待著你的賞讀。它們取之不盡、用之不竭，將它們學以致用是你一生的財富。多看歷史，能開闊自己的眼界，洞悉事物發展的規律和預測未來，這在當今社會是非常重要的。雖然歷史的車輪不停地向前，很多事變了，現象變了，但本質沒變，規律沒變，掌握了本質和規律，你就擁有了應對一切變化的法寶。」

「原來如此！那我該怎麼學習它呢？」

「讀歷史重點不在記憶，而在思辨。」

「思辨？什麼意思？」

「就是當你讀到古人面臨重要的選擇時，趕緊停下來不要再讀了，想想如果是自己將如何決定，為什麼要這麼做。想清楚後再看古人是怎麼決定的，原因何在，結局如何。最後將自己的決定跟古人的相比較，看看有什麼異同。要不斷思考怎樣將古人的智慧應用到現代生活之中，將歷史的

經驗融合到現代社會之中，這樣才能將古人的智慧為己所用，書寫屬於自己的歷史。」

「聽起來不錯，那趕緊跟我講講吧。」

「我的歷史課跟別人大不相同，沒有理論，沒有時間線，沒有國別，只有古今中外 16 位著名的歷史學家。這 16 位大師直接來講他們的代表作，講他們對歷史的獨特看法，講他們是怎麼研究歷史的，還有他們獨特的歷史寫作方法，好讓大家對整個歷史學有個基本的了解，以後讀歷史著作時知道應該注意什麼。」

「太好了，已經迫不及待想聽他們講的課了。」

「因為才疏學淺，有不對的地方還請不吝賜教！」

「別囉唆了，快點開始吧！」

序言

引言

「你剛高中畢業嗎？寫的東西這麼幼稚、膚淺、沒有見地！這樣沒有深度、沒有靈魂的東西，你好意思拿給讀者看？做記者，你要對你的讀者負責！」某網站首席記者劉記訓斥道。

被訓斥的實習記者李彤有些不服，這可是自己修改了好多遍才交出來的，裡面的每一個句子也是斟酌再三才確定的，可以說用了十二分的心，怎麼就不能用呢？於是她爭辯道：「我不知道自己到底差在哪裡，裡面的每一句話我都是經過深思熟慮的。」

劉記招招手，讓李彤在自己旁邊坐下，語重心長地說：「你的文字很好，文稿的處理也不錯，這些都沒有什麼問題，但別忘了我們記者是做什麼的。要經過對資料的深入分析，告訴讀者真相，這需要我們有自己的看法和主張，而不是人云亦云。」

劉記指著一段話道：「你看，這是你的觀點。這些觀點要不人云亦云，要不太過膚淺，這樣的觀點怎能讓人信服？一篇文稿如果沒有自己獨特的觀點，就像人沒有靈魂一樣。」

李彤再讀自己昨晚寫的觀點，感覺是有點膚淺，但這已經是自己所能想到的極限了。她慚愧地低下了頭，眼睛看著自己的腳尖。

劉記看出李彤的窘迫，安慰道：「李彤啊，不要氣餒，你剛畢業，接觸的事情少，有時沒有自己的觀點也是正常的，但你不能總是這樣。你要多看書，尤其是歷史學，因為它是研究人類發展規律的，裡面的很多觀點我們可以借鑑。」

劉記喝了一口茶，接著說：「比如說，你稿件中介紹的改革，我們可以跟古今中外一些類似的改革進行比較，看看那些改革都存在什麼問題，

產生了哪些積極和消極的作用，哪些利益方會反對，哪些利益方會贊同。這些前人已經都分析好了，你只要把過去的事件跟現在的進行對比，就能看到一些更深層的東西，提煉出一些深刻的觀點。其實很多東西是相通的，人說『究天人之際，通古今之變，成一家之言』，便是如此。回去多看書，多反思自己，再寫東西時要記得從歷史中找規律。」

李彤愁眉苦臉地走出了劉記的辦公室，心想該怎麼提高自己的見識呢？難道真的要去學那個聽起來就很沒意思的「歷史學」？

下班後，鬱悶的李彤叫上幾個同學一起吃飯，席間大家爭相吐槽各自的糗事：有上班遲到被上司抓到的，有因為失誤被上級批評的，還有因為拖延被開會點名的。

聽到這些，李彤鬱悶的心情好了很多，自嘲道：「你們的問題都沒我的嚴重，我因為讀書少，被教訓沒見識。更鬱悶的是，前輩居然讓我去學最枯燥的歷史學！歷史，我從開始學的第一天就不喜歡，歷史學估計更沒意思。你們說，過去那些破事有什麼好學的？」

於是大家就李彤該不該學歷史進行了一場大辯論，最後因為李彤想把自己實習記者的身分轉正，大家一致同意李彤聽從直接前輩的意見，去學習歷史學。

同學甲說：「自己看書太枯燥了，我有個高中同學，他就在 A 大，他們的歷史學系非常出名，我幫你問問，你利用業餘時間去旁聽，這樣學起來還能輕鬆些、有意思些。」

很快同學甲就收到高中同學的回信，說 A 大的歷史系正好有個全新的高科技課堂，這個週末就要開課了。雖然名額已滿，不過因為他是助教，還是可以幫忙申請一個名額的。

聽到高科技，李彤有些好奇，既然已經下定決心要入「地獄」，那麼就去見識見識高科技的「地獄」是什麼樣的吧！

　　週末等待李彤的將會是什麼呢？

引言

第一章
希羅多德老師講《歷史》

本章主要透過 4 個小節，把「歷史之父」希羅多德對於歷史的見解和觀點用現代語言生動地呈現出來，涉及希羅多德寫作《歷史》的目的、資料的取捨，以及歷史寫作的一些經典方法。對那些想要了解歷史學，並想從歷史學中汲取營養為我所用的人大有裨益。

希羅多德

（Herodotus，約西元前 484 至前 425 年），出生於小亞細亞西南海邊一個古老的城市，從小就酷愛史詩。希羅多德成年後，曾積極參加推翻篡位的鬥爭，卻因鬥爭失敗被流放。後來篡位者的統治被推翻，他才得以回到故鄉，但不久又被迫出走，從此再也沒有回去過。希羅多德是古希臘作家、歷史學家，他將旅行途中的見聞，以及第一波斯帝國的歷史都記錄下來，形成史學名著《歷史》，是西方文學的奠基人，被尊稱為「歷史之父」。

第一節　為什麼要寫《歷史》？

因為平時鬧鈴設定在禮拜一到禮拜五，所以禮拜六當李彤睡到自然醒時，已經有些晚了，她匆匆收拾一下，隨手拿了一盒牛奶，出門了。

幸好禮拜六不塞車，當李彤到達教室時，人還沒到齊，老師也沒來。李彤一邊喝牛奶，一邊觀察教室裡的其他人：有年輕人，也有中年人，看起來除了學生，還有像自己一樣的「社會新鮮人」。

這個教室好奇怪，沒有講臺，黑板好像是液晶的，每個桌子還放著科技感十足的頭盔，以及其他一些叫不上名的高科技產品。

看到這裡，李彤有些期待，希望快點開課，好見識一下高科技課堂到底是什麼樣的。但是，上課時間馬上就到了，怎麼老師還沒來呢？這不符合「老師」的作風啊。

正想著時，一個高個子長得帥帥的男生從教室後面走到了前面。「難

道這就是我們的老師？」李彤那顆少女心開始歡快地跳起來。

「大家好，我是這次歷史學課程的助教，大家叫我小安就行。我們採取了一種全新的教學模式，至於到底是什麼樣的，這裡我就不多說了，大家馬上就能體驗到。現在大家跟我一起把這些設備戴起來，我們一起去上課吧！」

李彤跟隨助教小安一起穿戴完那些設備後，突然發現自己身處一個廣場上，周圍像是古代的一些建築，還有很多柱子，在一個大柱子下面站著一位長著大鬍子的外國人，穿得很奇怪。「難道我穿越時空了？」李彤想。

正在這時小安來了，還有其他同學。小安解釋道：「大家不要慌，這就是我們最新的教學嘗試，借助現代高科技，好像回到了過去，然後透過視覺、聽覺等手段來進行教學。」

當大家還在驚嘆不已時，大柱子下面的那個怪人走了過來，邊走邊說：「歡迎你們 —— 我遠道而來的朋友，我叫希羅多德，有人稱我為『歷史之父』，也有人稱我為『謊言之父』。」

「啊！天啊，居然是希羅多德！」李彤聽到旁邊有人欣喜道。

「難道他是個名人？」李彤心想，「不過我怎麼好像沒聽說過呢？」

「朋友們，其實我只是一個講故事的人，喜歡把自己的所見所聞講給大家聽。年輕的時因為不得已的原因，我只能背井離鄉，到處流浪，後來我愛上了這種移動的生活，成為一個你們常說的『旅遊達人』。」

大家聽到「旅遊達人」一詞都笑了，這個知道現代語言的古人好幽默啊，不得不說現代高科技太厲害了，居然能讓古人擁有現代人的智慧！

希羅多德接著說：「我去過波斯帝國的很多地方，去過愛奧尼亞、敘利亞、義大利、西西里；穿過腓尼基去過埃及和利比亞；度過赫勒斯滂海

峽去過拜占庭、馬其頓。如果使用現代的地名，我基本上踏遍了西亞、北非以及歐洲。」

一位同學讚嘆道：「老師，您太厲害了！您比現在那些旅遊達人厲害多了。要知道兩千多年前，出行基本靠腿，真不知道您是怎麼做到的！」

「這位同學過獎了。雖然旅途艱辛，但過程很快樂。因為我的旅遊不像現代人的旅遊——『上車睡覺，下車尿尿』，我每到一個地方都會停留一段時間，到處去看看；聽說有名勝古蹟，就去考察一番；對於當地的風土人情，我也不會放過；如果聽到什麼傳說和奇聞逸事，我就收集起來。當然對於這些資料，我不是簡單地記錄，還要進行考證，然後整理分析。每一個地方都有自己獨特的魅力，他們就像藏在深山中的寶貝，被我一個一個挖掘出來，這是一件非常快樂的事情。正是因為這些快樂，我忘記了旅途的艱難險阻，一直想要走下去。」希羅多德微笑道。

李彤邊聽邊想：「我現在的工作跟希羅多德老師當年從事的事情好相似啊，也是收集、查核、分析、整理資料，然後提出自己的觀點和看法。只是我在做這些時怎麼沒感受到快樂呢？」

一位長得小巧、戴著眼鏡的女同學好奇道：「老師，據我所知在您之前希臘還沒有真正的歷史著作，那時大家通常寫的都是詩歌，然後伴隨著豎琴吟唱，就像《荷馬史詩》那樣。您怎麼想到要把收集的資料進行考證、分析，最後變成一本歷史著作的呢？」

希羅多德老師捋了捋自己的長鬍子，說道：「我曾經讀過著名『記事家』赫卡泰歐斯寫的《大地環行》，這本書主要講了赫卡泰歐斯遊歷時的見聞，非常有趣。他在書中說『我只記錄我認為最真實的東西』，這句話對我產生了重大影響，讓我明白原來書可以表達自己的觀點。我很認同他的說法，那時就立志將自己遊歷中的見聞也真實地記錄下來。」（如圖 1-1 所示）

圖 1-1　希羅多德的歷史觀

「後來，我來到雅典，也就是我們現在站著的這片土地。」希羅多德老師環顧四周，聲音中有些遺憾，「當時這裡非常繁榮，簡直就是希臘的政治、經濟、文化中心和海上交通樞紐啊。當時也是在這個廣場上，我當眾朗讀自己的作品，讓更多的人了解我所見到、聽到的趣事。」

「也是在這裡，我結識了雅典『第一公民』伯里克里斯，還有戲劇家索福克里斯，以及其他社會菁英，我了解到雅典的民主政治，了解到『在法律面前人人平等』。我耳聞目睹了小小的希臘城邦擊敗龐大波斯帝國的侵略事件，這讓我很好奇，於是我就反思：波斯人是怎樣興起，又是如何對外擴張的？為什麼希臘人會跟波斯人產生衝突？為什麼只有幾萬人的雅典能擊敗兵力數倍於自己的波斯大軍？」

希羅多德老師有些激動地說：「在考察這些時，我發現不管是希臘

人、波斯人還是埃及人、印度人，他們都創造了偉大的成就，在創造這些偉大成就的過程中湧現了很多可歌可泣的人和事。特別是希臘人和波斯人之間發生戰爭的原因，以及能夠以少勝多的原因，對後人有極強的警示作用。我不希望這些過去的事情隨著時間的流逝而泯滅，不希望這些可貴的經驗就這樣被浪費，我希望他們能一直流傳下去，對後人有所幫助。我認為國家的興亡和人事的成敗都是有規律的，都是有跡可循的。所以我下定決心，要寫出一部不同於以往的歷史著作。」（如圖 1-2 所示）

歷史學家說：
國家的興亡和人事的成敗都是
有規律的，都是有跡可循的。

圖 1-2　歷史是有規律的

大家不禁紛紛鼓掌，一位同學讚道：「老師您知道嗎？您這種用歷史事實來垂訓後人的做法，對後代史學的發展產生了極大的影響啊。」

「這個我當時沒有想到，不過我想不管寫什麼書都要對其他人有所幫助，這樣才能讓別人多有收穫。」

聽到這裡李彤很慚愧，難怪自己寫不出好文章，看來是自己的寫作目的太「低俗」了，自己只是為了博人眼球而寫作，根本就沒有想到寫作還有更高尚的目的，看來劉記說得沒錯，自己真得好好想想了！

正在李彤沉思時，希羅多德老師走到她面前，輕聲問道：「這位同學，你是不是想說點什麼？」

李彤趕緊拉回思緒，激動地看著希羅多德老師，真誠地說：「老師，謝謝您！」

「如果我的知識，還對你們有所幫助，那是我最大的榮幸，我也謝謝你們，讓我這個孤獨了幾千年的老人又迎來人生的『第二春』。下面我們分析一下波西戰爭中希臘城邦能夠以寡敵眾的原因吧！」

第二節　小小希臘憑藉什麼戰勝了龐大的波斯帝國？

「你們有誰讀過我寫的《歷史》？」希羅多德老師問道。

有幾個同學說自己讀過，還有一部分同學說自己只讀了一部分，李彤心虛得趕緊往後挪了挪，希羅多德老師看到後笑了起來：「大家不要有心理負擔，我只是想問問你們在閱讀《歷史》時有什麼疑問。」

一位胖胖的男生回應道：「老師，我有點不太明白，您為什麼在講述戰爭時還要探索大量的自然事物，比如埃及土地、河流、氣候形成的原因。這樣削弱了文章的可讀性，我覺得如果直接寫戰爭的故事會更加精彩。」

「這位同學的問題提得很好，其實我那樣寫有我的苦心。」希羅多德老師將兩隻手背在身後，開始在廣場上踱起步來：「讀過《歷史》這本書的應該都知道，我的每一個歷史故事都不是簡單的紀錄，我通常會將這件事的前因後果、來龍去脈都交代清楚，只有這樣我們才能追尋到隱藏在歷史事件背後的深層次原因，就像你們所說的『沒有無緣無故的愛，也沒有無緣無故的恨』。只有找出背後真正的原因，才能找到規律，才能對後世所有警示。」

「原來如此！看來老師真是用心良苦啊，為了達到自己的目的，不惜放棄文章的流暢性，這點真得好好學習。」李彤心想，自己有時就是為了追求文章的連續性和可讀性，不惜捨棄一些必要的原因交代。（如圖 1-3 所示）

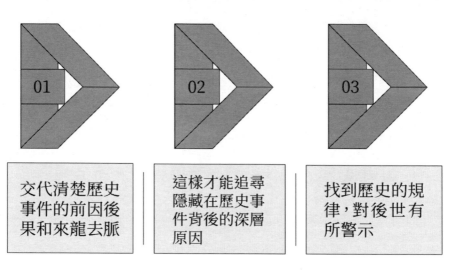

圖 1-3　為什麼插入自然事物

希羅多德老師接著問道：「大家覺得為什麼以雅典、斯巴達為首的希臘人會跟波斯人發生戰爭呢？」

「老師，同一件事，不同的民族會有不同的看法。這要看從誰的角度去看。」之前那個戴眼鏡的女生（以後稱呼為眼鏡妹）答道。

「是的，」希羅多德老師一邊點頭一邊說，「對波斯史家來說，開始不過是大家你來我往搶女人，但是後來因為海倫發生了戰爭，摧毀了特洛伊就是希臘人的不對了，於是希臘人就成了波斯人的敵人，是不是覺得有些可笑？」

「從腓尼基人的角度來看，他們把伊奧帶到埃及根本不是什麼搶劫，而是因為伊奧跟船長私通，懷孕了，不敢回去，她是自願隨船離開的。」希羅多德老師接著說，「當然，從我們希臘人的角度來看，說法又不同，

是赫拉將伊奧趕到埃及，宙斯將歐羅巴送到克里特，海倫是特洛伊故事中的女主角。同樣的事，為什麼不同地方的人會有不同說法呢？」

「因為傳統和習俗不同。」一位男生說道。

「非常正確！因為亞洲人根本不在乎幾個女人，所以同樣是搶女人事件，波斯人和希臘人的看法就截然不同，這樣的不同最終導致了戰爭的爆發。對不同的民族來說，因為傳統和習俗不同，對於正義的標準也很難達成一個統一的觀點，從而引發各種矛盾。」希羅多德老師解釋道。

一位女生接道：「老師您透過多角度、多方面的描寫，讓我們明白了希臘與波斯之間的衝突歸根結柢是習俗的衝突，也是兩種文明的衝突。」

「這位同學總結得非常好，我很欣慰。」希羅多德老師稱讚道，「其實很多衝突都是不同文明間的衝突，不僅希臘和波斯的戰爭，還有很多其他戰爭也是這樣，這點我們就不再多說了。現在我們來分析一下希臘能夠以少勝多的背後原因是什麼。這點還要先從二者的政治制度說起。」

「我們知道波斯的僭主政治有著悠久的歷史。當年米底人發動暴動推翻了亞述人的統治，獲得了自由，其他民族也相繼獲得了自由。不過好景不長，米底各部落開始了相互鬥爭。你們看，自由不但沒有帶來秩序，還帶來了不義和混亂。在混亂中，代奧凱斯乘機當上了國王。他很聰明，也知道約束自己，將自己塑造成一個神，變成城邦中法律和習俗的制定者，使得城內充滿了秩序和規範。但是當第一位真正的君主 —— 居魯士統治時，就開始破壞一些習俗。因為一句話，居魯士就將本應被燒死的另一位僭主從火中救出。後來隨著波斯帝國不斷擴張，居魯士將波斯人對自然元素的敬畏這一傳統習俗也丟掉了。」

希羅多德老師接著說：「居魯士的兒子岡比西斯當了僭主後，更為肆意地破壞習俗。他攻下埃及後，不顧當地習俗將埃及法老阿瑪西斯的屍體挖出

鞭打，並用波斯的神火將阿瑪西斯的屍體燒掉。要知道木乃伊在埃及是神一樣的存在，並且埃及人認為火是活的野獸，神怎麼能讓野獸給吃掉？但是波斯人卻覺得不能把一個人的屍體給神！可以說，岡比西斯的命令違背了兩個民族的傳統習俗。之後，岡比西斯變得更加狂妄和瘋魔，他不斷地破壞和顛倒各種習俗，不過他依然堅守了不能說謊這個最為核心的習俗。」

「但是，他的繼任者『七人幫』中的大流士卻認為不說謊這一習俗已經不再重要，他覺得必要的時候是可以說謊的。後來大流士的兒子薛西斯成為僭主後，更加狂妄，為了自己的私慾要去征服希臘。這就是波斯的僭主政治，大家覺得這樣的制度有什麼弊端呢？」希羅多德老師問道。

「我覺得這種制度完全依賴於個人，如果僭主的各方面好還行，如果碰上不好的，將是整個國家的不幸。」一個同學說道。

另一個同學說：「當一個人有了至高無上的權力，並且沒有法律和習俗的制約，就可能做出破壞習俗的事情。」

希羅多德老師點頭道：「是的，政治生活恰當的界限和範圍是由習俗規定的，如果政治運作超過習俗的邊界，那麼政治就變得沒有根基。每一個文明要想在政治領域生存，就需要將自然和習俗結合成人的生活方式，這裡自然和習俗是共同發揮作用的。僭主政治下的波斯因為僭主一次次越過習俗的界限，最後只剩下純粹的自然力量，這樣的統治是根本行不通的，也是沒有根基的。雖然在形式上看似統一，但內部卻已分崩離析，尤其像波斯這樣的多民族國家，根本沒有凝聚力，怎麼可能長久存在？最後的失敗也是必然的。」

聽了希羅多德老師的分析，大家紛紛點頭稱是。有一名學生問道：「老師，就我所知希臘當時的政治雖然有共同的習俗，但是各城邦也處在分散的狀態下啊，他們怎麼就團結起來了呢？」

「因為戰爭！」另一個同學道。

「是的，共同的習俗只提供了團結起來的可能性，但戰爭卻帶來了團結的契機。當時波斯帝國的軍隊規模遠遠超過希臘政治聯合體，看起來屈服於波斯才是最好的選擇，但是希臘人沒這樣做，而是選擇勇敢地戰鬥，這又是為什麼呢？」希羅多德老師問道。

「因為這場戰爭的輸贏決定了誰將奴役誰。我們來聽聽斯巴達人是怎樣拒絕波斯人的勸降，就明白了：『你知道做奴隸的滋味，但是你卻從來沒嘗過自由的滋味，你根本不知道自由有多美。如果你也嘗過自由的滋味，你就會勸我不僅要用矛頭還要用斧子去為它戰鬥了。』」

「其實希臘和波斯的戰爭，也是雅典民主政治與波斯僭主政治之間的鬥爭。雅典之所以能擊敗龐大的波斯帝國，主要是因為雅典的民主和自由激勵著希臘人，讓他們無所畏懼，為自由而奮戰！當然不可否認，還有一些偶然因素導致了希臘人的勝利，可能這也是天命使然吧！」（如圖 1-4 所示）

圖 1-4　希臘和波斯的戰爭

一位同學馬上反擊道：「老師，對於您說的『天命』我不認同，我覺得這是歷史發展的必然。從古至今，沒有一個國家能永遠強大，再強大的國家都會盛極而衰，最後消失在歷史的長河中。」

「既然歷史是由人創造的，而人又具有共性和個性，那麼歷史肯定也具有必然和偶然的特性，歷史學也具有一致性和分歧性。因為歷史學研究的對象是具體的人，是歷史事件中每個人的內心活動，這是極其複雜的，不是簡單幾個詞語就能概括的，不同的人會有不同的看法，這是必然的。所以這位同學我不想就這個問題跟你爭論，我們各自保留自己的看法吧。下面，我想跟同學們分享一下自己在《歷史》寫作中是怎麼獲得史料，又是如何取捨的。」

第三節　怎樣獲得史料，又如何取捨？

「老師，您不是透過遊歷獲得史料的嗎？」一名同學問道。

希羅多德老師抬頭看了看遠方蔚藍的天空，好像又回憶起那段遊歷的時光，語氣輕快地說：「那只是其中的一種途徑，還有一些其他的途徑。雖然你們現代獲得史料的途徑非常多，也非常方便，但我覺得我那一套老方法對你們研究歷史也還有一點作用，所以我想借這個機會跟大家分享一下。」

聽到老師說得這樣真誠，一些恍神的同學趕緊拉回了思緒，開始認真聽老師的課。

「第一種是文獻史料。我的《歷史》中引用了大量的文學作品，既有官方的，也有私人的。你們應該知道，我那個時代歷史記憶剛從口傳歷史上升到文字記載不久，書籍還是很少的，所以文獻史料也有限，能找到的文獻史料不過是一些文學作品（像《荷馬史詩》、一些散文紀實等）、神諭等宗

教檔案（大多來自德爾菲神廟，包括希臘本土神廟，還有蠻族神托所的神諭）、異族人的年代記等官方文獻。幸好我是你們口中的『富二代』，才能接觸到這些，如果是個窮小子，可能我也沒有機會在這裡給你們上課了。」

「第二種是考古史料，包括一些碑銘、紀念物及我在遊歷中的所見所聞。我在遊歷中收集了一些地方的民情風俗、傳說、舊聞，雖然資料不是很多，但這些經歷對我的人生觀、歷史觀產生了深遠的影響，可以說沒有那些遊歷上的經歷，我也不會是現在的我。」

「我用得最多的是第三種，就是口述史料。不管別人告訴我什麼，甚至有些我也不信，但是我都會把它記錄下來，可以說是『有聞必錄』。這些口述史料，大部分是我所要記錄地區居民的實地採訪，有不少口述者是波西戰爭的參與者。每到一個地方，我都會詳細去考察當地的人情地貌和風俗習慣，並探訪當地的居民，尤其那些知識淵博的祭司我更不會放過，總是想盡一切辦法讓他們把知道的故事都告訴我。」（如圖 1-5 所示）

圖 1-5　史料的來源

「所以，老師您在您的作品中聲明『我的責任就是記錄人們所說的一切，儘管有些我自己都不相信是真實的。我的這個聲明適用於我著作的全部』。」

希羅多德老師有些不好意思地點點頭。

一名同學不解道：「老師，據我所知在您當時的時代文字早已成熟，並且也有了不少文字記載，既然口述史料那麼不可靠，您為什麼還要大量使用口述史料呢？」

「這主要是因為在當時的情況下實地蒐集資料還有很大的局限性。雖然當時希臘文字已經成熟，並且有了學校，但書籍還是很罕見的，而且都是手抄本，只在少數人手中流傳。後來雖然出現了可銷售的書，但大多數人只有在學校接觸到文字資料的機會，或者到公共場所聽演講。真羨慕你們這個時代，有網路，想要獲得什麼資料都很容易。」

「當然，這只是一個原因，還有一個原因就是戰爭也是有一定實效的。我著手寫波西戰爭時，戰爭剛結束不久，很多親歷戰爭的人還活著，對戰爭記憶猶新，所以找他們來講述這個歷史相對來說更方便一些。此外，還有我這個希臘人對口述歷史的偏愛吧，你們也知道《荷馬史詩》和《大地環行》對我有很大的影響。」

「原來客觀如老師您也有自己的感情偏好！」一位女同學不禁說道。

「這是當然。所以這也是口述史料的弊端，因為每個人都有自己的喜好，在敘述時會無意識地加入自己的一些感情，最後導致自己所說的偏離了事實，這也是無法避免的。」希羅多德老師道。

「是的，記得我讀過梁啟超後來在檢討自己多年前所寫的《戊戌政變記》時說，自己當年寫這本書時非常氣憤，因為有很多感情在裡面，所以有些事實被誇大了，這樣歪曲了事實的資料是不能當作信史的。所以說，

即使是親歷者所說的也不一定就是客觀事實。」一位戴眼鏡的男同學說道。

　　希羅多德老師點頭稱讚：「這位同學說得非常對。所以歷史不是一些事件的簡單相加，而是充滿了當事人複雜感受的矛盾集合體，沒有誰能夠擁有上帝的視角，不受任何影響地去看待那些事件，就連具有專業的歷史學家都不能擺脫這些影響，更何況那些非專業的參與歷史的講述者？所以我們對史料要學會取捨。」

　　「為了讓我的敘述更加客觀，我會博採眾議。即便是同一件事，我也會採訪不同立場的人，將他們不同的說法都記錄下來，所以你們在讀《歷史》時會經常看到『希臘人是這樣說的』『波斯人卻有另外的說法』『有人這樣說』『還有人那樣說』等。然後，我會把這些紀錄放在一起相互參照，分析出哪些是沒有疑義的，哪些是可能的，哪些是不可能的，哪些是有爭議、要暫時存疑的。」

　　「當然，對於有些資料，我還要運用邏輯推理去分析。對於一些可疑的資料，我通常將它們記錄下來，並且提出自己的意見，然後去實地進行考察。比如，我聽到有人說阿拉伯有一種帶翼的蛇，為了驗證這個說法到底是真是假，我不遠千里、跋山涉水到阿拉伯當地進行了核實。」

　　「老師，您的這種求真精神對我們現代人來說也是非常重要的！」李彤不禁讚嘆道，「有一次，我覺得採訪者說的數據不對，以為自己記錯了，就重聽了一遍採訪記錄，確認沒有記錯，於是就這樣寫了。新聞發出去之後，才知道是採訪者當時說錯了。因為這件事我受到了批評，當時還覺得自己很委屈，現在想起來確實是我沒做好，如果我有您這樣求真的精神，直接打電話跟採訪者核實一下，就不會犯錯誤了。」

　　希羅多德老師微笑著說：「謝謝您的稱讚，只是即便這樣，還有人說我是『謊言之父』啊！」他的笑容有些苦澀。

「老師，每一個時代的歷史都有不同的意義，不可避免地有時代的烙印，也有那個時代無法踰越的局限性，我們不能用現代的觀點去評價那時的您。在您的時代，人們覺得功績只有被稱頌才能永存，那時人們覺得好的故事是要吸引人的，所以更多關注的是人文主義，對於準確度就沒那麼多的要求，這不是您的錯，是被那個時代限制了。再說您講述別人告訴您的所見所聞，這就是真實的！至於講述的人可能因為記憶的偏差，所說的並不一定是真實的，這也是存在的，您不要耿耿於懷。」之前那位看起來很博學的戴眼鏡男生（以後稱呼為眼鏡哥）慷慨道。

「謝謝，謝謝你們的理解！」希羅多德老師的聲音有些顫抖，「沒想到你們不但沒有計較我的錯誤，還來安慰我，這讓我很感動。我決定把自己總結的一些歷史敘述技巧，全都告訴你們。」

第四節　歷史敘述的訣竅

同學們聽到希羅多德老師的這句話都驚呆了，沒想到老師這樣的偉人也很在乎後人對自己的評價，並且還要將自己的敘述訣竅傾囊相授，這太讓人感動了。

「我的朋友，首先提醒大家一下，在我生活的時代，『寫作』這個詞是包含在『敘述』裡面的，一個作者只有將自己『寫』的東西講給大家聽後，才算完成了『寫作』的任務。當年我就是在這個廣場上，將《歷史》朗讀給聚集在這裡的人聽的。為了引起大家的興趣，有時需要直接與聽眾交流，所以通常是在大故事中套用小故事。我的《歷史》中有很多線索，隨便把某一段拆開，都是可以隨意講述的客體。對於同一件事，我通常會從不同的立場、不同的目的去解讀，因為這種方式符合當時的社會習慣，

廣受歡迎！不過，你們今天可能覺得這樣的敘述方式有點亂，覺得一件事還沒講完就插入另外一件事，有時候還會在『插話中插話』，可能不太符合你們的閱讀習慣！」

下面有幾個人點了點頭，看來他們都讀過老師的著作了。一個同學說：「我讀的時候是先略掉那些『插話』，直接把一個故事看完，然後再回過頭來看『插話』的。不過老師您的故事都很吸引人，裡面每一個人物形象都非常生動鮮明。」

另一位同學接過話來，說：「是的。老師描繪的那場關於梭倫和呂底亞國王克洛伊索斯的對話讓我印象深刻，裡面將呂底亞國王的鼠目寸光與盧梭的聰穎賢達描繪得栩栩如生，並且還將這兩個人放在一起對照，讓人物的性格更加突出。」

「老師，您放棄了神話的形式，直接用敘述的手段來描述人類的歷史事件，特別是戰爭和政治動盪的社會原因，這真是超越了前人啊，從此您的這種歷史敘述方法被當成史學家的一個傳統了！」一位同學稱讚道。

「哈哈，說得我都不好意思了，不過我之所以採用這種方法也是模仿和借鑑了前人。我從小就非常喜歡《荷馬史詩》，受它的影響，我書中的語言、形式、情節結構還有敘事手法，都帶有濃重的『荷馬風』。你們想要寫出好的歷史作品，也要多讀前人的著作，尤其是經典的，你們喜歡的那些著作，這樣潛移默化，慢慢你也就有了他的風格。當然，還要結合自己的創新！」

希羅多德老師又道：「在《歷史》的寫作中，我用正敘的方法描寫了波西戰爭，裡面有時也會運用一下倒敘，這個用得不是很多，用得最多的是插敘。我通常在敘述一個歷史事件時用插敘的方法來描寫當地的地理環境、風土人情、經濟生活、名勝古蹟、宗教信仰等。當然，在插入的時

候，我會尋找一個最適合的地方，不去破壞作品整體的美感。這樣做主要是對波西戰爭進行必要的補充和完善，不讓自己的《歷史》變成一本枯燥的編年史，而是力爭將它寫成一部能吸引人的讀物。」

　　希羅多德老師接著說：「在敘述這些故事時，除了順敘、倒敘、插敘的敘述方法，我的書中還涉及多樣化的題材。因為寫作時史料來源豐富，上一節我介紹過主要是文獻、考古、口述三類，不同的史料來源造就了多樣的題材，比如神話傳說、家族譜系、人種志、地理描述等。對於神話，我持有不予評價的『客觀中立』立場；對於不同的人種，我主要從各民族不同的風俗習慣入手，有時還會介紹其宗教、婚姻、教育、地位等部分；對於地理描寫，我是將自己所獲得的資訊都寫上了。」（如圖 1-6 所示）

圖 1-6　歷史的寫作手法

「所以，老師您為我們展現的是一幅宏偉、立體的古代近 20 個國家和地區的民族生活畫卷啊，簡直就是古代社會的小『百科全書』！」一位女同學讚嘆道，誇得希羅多德老師也開心地笑了。

「老師，雖然我們研究歷史是要追求真相，但歷史事件是無法重現的，隨著時間的流逝它們離我們越來越遠，這時只能依賴一些證據來幫我們講故事，比如您著作裡運用的那些親歷者的回憶，或那時的一些文獻資料等，但這些證據通常都是不完全或者碎片化的，您是怎樣將它們接起來的呢？」眼鏡哥問道。

「天啊，這個問題感覺好專業！看來我跟人家差得不是一星半點，而是整整一條銀河系啊，再不讀書我就跟不上了！」李彤心想，「唉，回去要好好惡補歷史知識了！」

「同學們，歷史學家會儘量多地尋找一些可信資料，然後將這些碎片接起來。對於碎片間的縫隙，只能靠看似合理的解釋，或者與已知事實相符合的推理來填補了。不過，我們也不能 100% 確定這是否正確複製了過去。歷史，它不僅僅是過去所發生事件的集合，還是作者對歷史事實的解釋，所以你們要心胸開闊，能接受不同的意見。但是你們還要學會獨立思考，做出自己正確的判斷。」

希羅多德老師一一看過大家，然後有些憂傷地說：「我的朋友們，愉快的時間總是很短暫，我們到了要分別的時候，真的捨不得你們！不過，還是再見吧！」

同學們都還沒來得及說「再見」，希羅多德老師就消失在大家的視線中，當大家摘下頭盔時，頭腦中還是一片茫然。

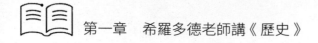

　　小安助教走到教室前面，笑著問道：「大家覺得這樣的課怎麼樣？」同學們紛紛點頭，說感覺太神奇了。小安助教怪笑道：「那麼請大家回去後將自己的上課體驗寫出來交給我吧。記住，只有認真寫下自己感受的人，才有機會聽下一節課！」

第二章
湯恩比老師講《歷史研究》

本章主要透過 4 個小節，從湯恩比對以往歷史研究的缺陷開始講起，引入文明，然後介紹文明的起源、生長、衰落、解體、死亡五個過程，再介紹湯恩比老師的一種標準文明模式：希臘 - 中國模式。最後介紹了湯恩比老師的「大歷史」宏觀敘述手法，方便大家閱讀歷史著作，對於想要寫歷史的同學，也可以學習借鑑。

阿諾德‧約瑟夫‧湯恩比

（Arnold Joseph Toynbee，西元 1889 年 4 月 14 日至 1975 年 10 月 22 日），英國著名歷史學家。他出生於歷史學研究世家，從小就熱愛歷史。曾供職於英國外交部，出席過巴黎和平會議，在希土戰爭期間當過記者，還擔任過倫敦皇家國際事務學會研究部主任。1929 年和 1967 年他來華訪問，對中國文化給予極高的評價。

他從 1927 年開始寫《歷史研究》，直至 1961 年才寫完。《歷史研究》共 12 冊，主要講述了世界主要民族的興起與衰落，被譽為「現代學者最偉大的成就」。因其眼光獨到，被譽為「近世以來最偉大的歷史學家」。

第一節　以往歷史研究的缺陷

為了爭取到第 2 次上課的名額，李彤從 A 大回去後就開始認真寫自己的上課心得，檢查無誤後才發給小安助教。當得知自己獲得第 2 次上課的名額後，她的心才算落地。開心之餘，李彤還向小安助教請教，像自己這樣對歷史知之甚少的人應該讀哪些書才能提高。根據小安助教的推薦，她趕緊買了一些書籍準備惡補，爭取下次上課不再像個文盲。

禮拜一，李彤跟前輩一起出去採訪，回來後李彤就開始構思稿件。在構思時，李彤想起了希羅多德老師說過的「寫作目的」，於是就將自己的目的寫了下來；還想起了老師講的，即便同一事件也要從不同的角度去分析，於是將這次採訪所涉及的各方都寫了下來，然後將他們的不同觀點也

記錄整理下來；最後，自己的看法是什麼呢？李彤看到這些雜亂的看法，有些迷糊了。

不過不能什麼看法都沒有就把稿子交上去啊，要不又會被前輩批評讀書少沒見識了，李彤只能硬著頭皮寫了一點自己的看法，然後將採訪稿交給了劉記。劉記看完後，用手指敲著桌面說：「不錯，比上次好了一點，但是對於觀點的提煉還是有待提高，繼續努力！」

從劉記辦公室出來後，李彤嘟嘴，給自己打氣道：「早晚有一天，我要讓你無話可說！」

越是有所期盼，時間過得越慢。李彤感覺好像都過了一年，才等到第二次上課。這一次，李彤早早就趕到了教室，沒想到很多人已經到了，大家正聚在一起討論呢。

來上這節課的，除了一小部分學生，大多是各行各業的歷史學愛好者。那個眼鏡哥就是個歷史學愛好者，已經研究很多年了；那個眼鏡妹是個寫歷史小說的，對一些歷史故事也是如數家珍；還有那個學生，是歷史系的高材生……

李彤默默地走開了，跟他們一比自己就是一個「歷史學渣」啊。不過幸好，現在她開始對歷史學產生興趣，「興趣是最好的老師」嘛。

戴上頭盔，李彤心裡想：「今天的老師會是誰呢？」

睜開眼睛的時候，李彤發現自己好像在一個書房，四周都是書，並且都是外國文字。

「歡迎大家的到來！」略帶磁性的聲音響起，一位穿著西裝、打著領帶、口袋上還放著白手絹的外國帥大叔從沙發上站了起來，沙發背上繡的是牡丹。

「能再次見到東方面孔，我很開心！我叫湯恩比，我是英國人，曾經到中國做過研究，記得當時火車還在山海關停了很久。這稍後再說，我們還是先談正題 —— 關於歷史學的一些問題。」

湯恩比老師走到大家面前，問道：「大家有沒有發現，以往歷史學家在研究歷史時存在什麼問題？」

眼鏡哥搶著回答道：「老師，您在《歷史研究》的開篇就指出，以前的歷史研究只是將民族國家作為一般的研究範圍，這大大限制了歷史學家的眼界。」

「是啊，以往的歷史學家進行歷史研究時，常常以某一個國家為中心，把人類歷史分散成國別史，明顯呈現出一種以自己為圓心向外發散的研究方式。之所以反對這種研究方式，是因為我發現，如果按照老一套的方法去研究歷史，在歐洲根本沒有哪一個國家能獨立說明自己的歷史問題。為了避免這樣的問題再發生，我認為只有將那些歷史現象放到一個更加廣闊的範圍 —— 文明中去比較和考察，才能解釋清楚那些歷史現象。」湯恩比老師說道。（如圖 2-1 所示）

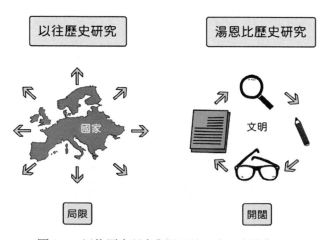

圖 2-1　以往歷史研究與湯恩比歷史研究的對比

「文明是什麼？文明就是具有一定時間和空間關係的某一群人，它不只包括一個國家，可能同時會包括同樣類型的好幾個國家。我們知道文明本身又包含了政治、經濟、文化三方面，其中文化是文明社會的精髓。」

「每一個文明也跟生物體一樣，經歷起源、生長、衰落、解體和死亡五個發展階段。文明和文明之間就像生命體的延續，具有一定的歷史繼承性，每一個從舊文明中成長起來的新文明，都會比舊文明有所進步。每一個文明或是『母體』，或是『子體』，或者既是母體又是子體。」

湯恩比老師接著說：「可能有人不解，我們為什麼要從更大的範圍，要從整體上去研究歷史。因為隨著科學技術的進步，人類可以輕易地從地球的一端到達另一端，可以說已經消除了空間上的距離，但人類並沒有在精神和政治上達到同樣的狀態，戰爭還在繼續，各地紛爭不斷。我自己就曾經歷了兩次世界大戰，親眼看到了戰爭給人類文明帶來的巨大破壞。我覺得人類的互相殘殺正在將人類推向自我毀滅的危險境地。現在人類已經有了終結人類歷史甚至全部生命的力量，如果我們還不覺醒，還不調整方向，必將跌入萬劫不復的深淵。」

湯恩比老師的聲音不知不覺間高昂起來：「為了讓人類得以繼續，我們必須要實現政治和精神上的統一，這就要求我們必須相互熟識，從先熟悉彼此的歷史開始。所以我的《歷史研究》打破了以往以一個國家為研究對象的傳統，以更廣泛的文明為研究單位。」

「我把過去 6000 年的人類歷史，劃分成 21 個成熟的文明，其中埃及、蘇美、米諾斯、古代中國、安第斯、馬雅這 6 個是直接從原始社會產生的第一代文明；赫梯、巴比倫、古代印度、希臘、伊朗、敘利亞、阿拉伯、中國、印度、朝鮮、西方、拜占庭、俄羅斯、墨西哥、育加丹這 15 個是從第一代文明派生出來的文明；還有 5 個文明——波利尼西亞、愛斯基摩、遊牧、斯巴達和奧斯曼尚未成熟就中途夭折停滯了。」

一位同學接著說：「您摒棄了以往的『歐洲中心論』，沒有對西方文明及其歷史過度地突出，也對歐洲以外的文明，比如東方文明等進行了介紹，這是一種『全球化』的觀點。」

湯恩比老師微笑道：「我們要擺脫『以自我為中心』的錯誤思想，擺脫自己的文明就比別人家文明優越的偏見，只有這樣才能用更加寬廣的視野去看待歷史和各個文明，才能看到更多的問題。」

湯恩比老師的這句話，在李彤心中掀起了巨大的波浪，「是啊，我就是太『以自我為中心』了，總是看不到自己的問題。一個人這樣很容易形成『自我膨脹』，一個民族這樣又會帶來什麼危害呢？前人說過『驕兵必敗』，看來是非常有道理的。」

第二節　文明的發展規律

「同學們，前面我說了研究歷史要以文明為基本單位，但是你們知道文明是怎樣產生，又是怎樣發展起來的嗎？為什麼有些文明已經消失了，但是有些文明卻還煥發勃勃生機呢？」湯恩比老師問道。

環顧一周看到沒有人回答，湯恩比老師接著說：「想要揭示文明的起源，我們先要了解原始社會和文明社會的本質區別。在原始社會，人們模仿的是過去，是已故的祖先，所以傳統習慣占統治地位，這代表著一種靜止的文化，所以社會停滯不前；但是在文明社會，人們的模仿對象發生了變化，不再是那些已故祖先，而是那些富有創造性的人，也就是模仿的是未來，是一種生生不息的文化。所以文明起源的性質，是從靜止狀態到活動狀態的過渡。那麼，文明到底起源於什麼呢？」

有一名同學答道：「文明起源於種族！」

另一名同學答道：「不對，起源於地理！」

「錯！種族決定論和地理決定論將文明的運動歸因於非生命因素，這是錯誤的，它們忽視了人的力量。其實，文明是被逼出來的，我認為它起源於挑戰和應戰的相互作用！挑戰和應戰的交互作用才是文明演進的基本模式。」湯恩比老師激動地說。（如圖 2-2 所示）

歷史學家說：
文明起源於挑戰和應戰的相互作用！人類只有應戰成功，才能建立新的文明。

圖 2-2　文明的起源

看到大家茫然的表情，他接著解釋道：「這裡挑戰是指人所遭受的生存環境中的困難，應戰就是當人遇到挑戰時的反應。人類只有成功戰勝這些挑戰，也就是應戰成功才能建立新的文明。所以說文明起源於挑戰和應戰的相互作用。大家說，是挑戰越大越有利於文明的產生，還是挑戰越小越有利於文明的產生呢？」

一位同學答道：「老師，我覺得越大越有利，因為越難越能激發人的潛能，從而創造出文明。」

「如果太難了，人們根本無法戰勝怎麼辦？比如人類無法應對的自然

災害——地震、海嘯等，人類在大強度的自然災難面前根本沒有還手之力，還怎麼戰勝？文明不被毀滅就不錯了！」另一位同學反駁道。

「同學們，雖然生存環境越困難越有利於文明的產生，但是這種挑戰必須適度，不能太大，也不能太小。挑戰太大，刺激過度，將會導致人類應戰失敗；挑戰太小，無法刺激人類起來應戰，文明便無法成長。」

「其實個人成長也是這樣啊！」李彤心想，「如果壓力太大，容易把人壓垮；壓力太小，又調動不了人的積極性。看來我得給自己一個適當的壓力。」

湯恩比老師接著說：「不過，文明能否出現，僅有適度的挑戰還不夠，還要看有沒有少數具備創造能力的人。這些人是應戰的領導者，有了領導者後面的人才會加以模仿，這樣文明才能不斷地生長。你們說文明出現後，肯定能成長起來嗎？」

「這個無法肯定吧！就像我們人一樣，有些還沒長大就夭折了！」一同學答道。

「是的，文明也跟我們生命體一樣，出現後並不一定都能順利成長起來。有些文明剛出現就死了，有些文明成長到某一階段就陷入停滯狀態。文明能否順利成長，主要取決於人們在面對挑戰時能否應戰成功。文明在成長階段，其面臨的挑戰主要來自兩方面：一個是外部環境的挑戰，包括自然環境和人為環境；另一個是來自社會內部的挑戰，這是判斷文明是否成長的關鍵。只有以自省形式展現出來的成功應戰，才是真正成長的文明。」

湯恩比老師接著說：「文明的成長依賴於那些擁有創造力的少數人，他們不僅能成功應對挑戰，還能引起社會模仿，使得當前的社會失去原有的平衡，然後又進入一個新的平衡，從而產生一個新的文明。」（如圖2-3所示）

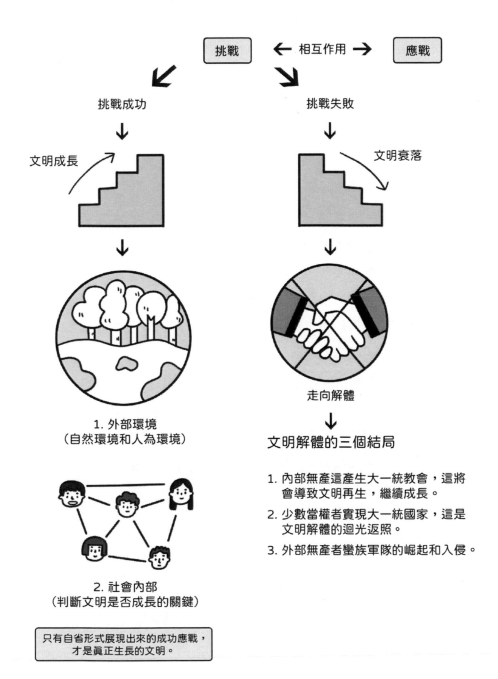

圖 2-3　文明發展的過程

「老師，您這個少數菁英決定論的觀點我覺得不對，您把少數人的作用誇大了，忽視了人民的作用；另外，在文明成長過程中，您沒有看到社會關係發展的作用。」眼鏡哥說道。

「這個批評我接受，雖然我提倡歷史學家要眼界開闊，但我的眼界也是有局限的！」湯恩比誠懇地說。

「果然是大師，這胸懷簡直無敵了！」李彤心裡讚嘆道。她趕緊找了一個話題來化解老師的尷尬：「老師，文明會一直生長下去嗎？」

「不會！當挑戰過大，應戰敵不過時，文明就會在任何一點衰落下來。文明為什麼會衰落呢？主要原因是自省的缺失。當年雅典和威尼斯的自我崇拜，東羅馬帝國對自己制度的自信，羅馬教廷對勝利的陶醉，都讓他們的文明喪失了自省能力，從而走向了衰落。雖然衰落也可避免，但當一個文明一直無法成功應戰的話，最終就會走向解體。」

「歷史總是驚人的相似，文明走向解體時，都有一些共同的特點：人民開始遠離他們的統治者，統治階層為了保護自己的絕對地位，開始使用武力來使人民屈服，最終還是逃不掉分裂的命運。如果是橫向分裂，則變成多個政權；如果是縱向分裂，則變成少數當權者、內部無產者、外部無產者三股主要勢力。」

湯恩比老師憂傷地說：「最後文明解體會帶來三種結局：內部無產者產生大一統教會，這將會導致文明再生，繼續成長；少數當權者實現大一統國家，這是文明解體的迴光返照；外部無產者蠻族軍隊的崛起和入侵。」

一位同學好奇地問：「老師，我們通常認為大一統國家是文明興盛的象徵，您為什麼說它是文明解體的迴光返照呢？」

「因為大一統國家通常都是興起於文明崩潰之後，經過長久的戰亂紛

爭，人們渴望統一，大統一後的和平環境帶來了超民族的文化融合，不僅在語言文字方面，還在交通系統、城市建設和文官制度等方面都取得不錯的成績。而這些卻讓大統一宗教得以壯大，這必將引起大一統國家的壓制，最後演變成軍事衝突，所以帝國滅亡時，反抗力量大多是以宗教形式出現。所以說，大一統國家是文明解體的迴光返照，這個希臘化的羅馬帝國的例子最為貼切。」

「老師，有沒有一個標準的模式來衡量人類歷史發展的各個階段呢？」一名同學問道。

第三節　希臘 - 中國模式

「我認為希臘 - 中國模式就可以用來解釋人類歷史發展的各個階段。」湯恩比老師笑答。他故意停頓下來，似乎是在等著大家反駁。

「老師，希臘和中國在位置上相隔這麼遠，在文化上也是完全不同的兩個國家，它們怎麼能連繫起來？」一位同學站出來反對，還有一些同學點頭贊同。

湯恩比老師從沙發上站起來，狡黠地反問道：「大家還記得我在這節課剛開始時說過什麼嗎？我們研究歷史必須以文明為基本單位，而不是國家！」

大家紛紛點頭。

「我發現，作為歷史研究的基本單位，希臘文明是非常完整的。第一，它有明確的開端和結尾；第二，關於它的記載非常完整。這簡直就是一個標準的研究對象！」湯恩比老師接著說。

「希臘文明具體包括了五大要素。第一，從希臘文明的政治史結構來

看，它從誕生之日起，在政治上雖處在分裂狀態，但在文化上卻是統一的，這形成了鮮明的對比。為什麼文化統一的希臘文明最終會解體？

主要原因是不同城邦的公民雖然意識到他們有相同的文化，但卻不能阻止他們之間相互廝殺。即便後來羅馬帝國給希臘帶來暫時的和平與秩序，也讓希臘付出了昂貴的代價，使得希臘最後再也沒有能力維持其世界性國家的地位，最終羅馬帝國崩潰，希臘文明也徹底解體了。」湯恩比老師嘆道。

「第二，從希臘文明解體後的社會結構來看，居統治地位的少數人跟依附者的關係漸漸疏離。這些依附者既包括上層階級，也包括過去吸引的境外原始民眾，這兩個階級逐漸轉變為無產者。這些無產者和外部文明『合作』，使得希臘內部的無產者開始蓬勃發展起來。

第三，從希臘文明解體後的宗教結構來看，希臘內部無產者從非希臘文明——猶太文明那裡汲取了靈感，創立了基督教，形成了一種新的文明。

第四，從外部無產者（蠻族人）的作用來看，蠻族人在軍事上征服了希臘化的大一統國家，建立起後期的國家。但是，跟『內部無產者』相比，蠻族人對新文明的貢獻是很小的。不過新文明的母體——基督教會，卻是在他們的輔助下完成的。

第五，兩種『希臘化』文明——拜占庭文明和西方文明，都是從希臘文明中汲取靈感，是一系列希臘文明的『復興』。」一口氣說完希臘文明的五個要素，湯恩比老師終於停下來，喝了一口茶。

這時一位同學乘機反問道：「老師，希臘文明雖然很典型，但是如果用它來解釋埃及文明就不合適，因為埃及的政治史跟希臘正好相反，這說明您的這個典型文明也不是放之四海而皆準的啊？」

「是啊，希臘歷史的最後才是大一統，但這個卻是埃及歷史的最初階段。所以，想要對整個文明作出完整的解釋，我們不能直接套用希臘文明的模式，而是要發現新的文明模式。你們猜，這個新的文明模式是誰呢？」說到這裡，湯恩比老師的眼睛閃閃發光。（如圖 2-4 所示）

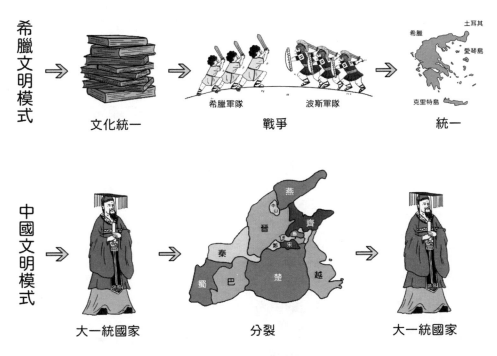

圖 2-4　希臘 – 中國的文明模式

「當然是璀璨的中國文明了！」一名同學自豪道。

「對，中國文明！當年我發現希臘文明無法解釋其他文明的問題時，決定研究中國文明，看中國文明能否解決我的疑惑。」湯恩比老師一邊點頭，一邊激動地說。

「結果讓我很驚訝，我發現在秦始皇實現政治統一之前，中國已經實現了文化上的統一。中國最輝煌的文化運動發生在烽火連天的春秋戰國時

期，當時的孔子、孟子等哲學家奠定了中國的文化基礎，實現了文化上的統一。」

湯恩比老師接著說：「 我發現中國早期文明跟希臘早期文明一樣，都是政治分裂，但文化卻是統一的。」

「 老師，我不同意您關於中國文明的看法，我覺得中國五千年的歷史，就是一部追求統一，因而不斷從分裂走向統一的歷史。」一名同學說道。

「 我認為只把中國歷史當作一整部大一統歷史是有所偏頗的，因為中國的早期歷史根本不是這樣的。還有人認為大一統政權其實是對秦漢以前大一統的復原，是對早期政權的復興，這不科學。因為歷史研究要以考古資料為準，根據我的調研，你們夏朝的存在還沒被證實，不能說商和周是秦朝及以後王朝統一的政治實體，所以由秦始皇完成，並由劉邦實現的大一統才是最早的，就像希臘的凱薩和奧古斯都一樣。」

又一名同學問道：「 老師，您的意思就是中國秦漢以前的歷史和秦漢以後的歷史是性質不同的兩段歷史，是嗎？」

「 是的！我覺得秦漢以後的中國文明也是一個非常成熟的標準文明，於是我就用中國文明模式來檢驗其他文明，不過很遺憾，中國模式也存在很多不足。我想能否將這兩種標準模式結合起來，變成希臘 - 中國模式，各取它們的長處，用希臘模式去解釋各個文明的早期階段，用中國模式去解釋各個文明的晚期階段，從而構造一個新的模式呢？」

湯恩比老師沉浸在自己的回憶中：「 結果我發現，這個想法是可行的，用希臘 - 中國模式可以概括其他各大文明發展的形態。你看各個文明在開始時雖然文化統一，但是政治卻沒統一，這樣的政治局面導致各個地方和各個國家之間戰爭不斷。隨著國家的發展，戰爭越來越激烈，最後整個社會都崩潰了，於是在這之後建立了大一統的國家。不過，大一統國家

建立後，會週期性地陷入各種分裂狀態，分久必合，於是又重新建立大一統國家。但是，這不是終點，這種政治的統一會再次被打破，這種分分合合的狀態會重複發生。」

「說得好有道理，中國好像是這樣啊！」李彤心想。

湯恩比老師自豪地說：「我的這個模式不僅適合中國文明，還適合其他大多數文明。人們可以用希臘模式來解釋從區域性小城邦到大一統帝國的情形，然後用中國模式來了解大一統帝國所帶來的各種紛亂，中國模式很好地揭示了人們如何在治亂交替中仍然保持穩定發展。這就是我的希臘 - 中國模式。」

「我覺得中國人比世界上其他所有民族都具有一慣性。幾千年來，漢人無論在政治上還是在文化上，一直團結至今，展示了統一的本領，並擁有統一化成功的經驗，這種統一化傾向是當今世界需要的。」

湯恩比老師的一番話說得大家熱血沸騰，摩拳擦掌，準備為世界和平做出自己的一點貢獻。

第四節 「大歷史」寫作

看著眼前這群慷慨激昂的年輕人，湯恩比老師欣慰地笑了。他用手敲敲桌子，說道：「好了，大家安靜！友情提醒一下，在你們去拯救世界前，我們還是先來學習一下『大歷史』寫作，這將有助於你們完成使命！」

聽到湯恩比老師這樣說，大家趕緊收斂心神，集中注意力傾聽老師的「獨家祕訣」，不願意錯過任何一個字。

「同學們，我們閱讀和書寫歷史時，或者關注某些具體的歷史場景，

或者嘗試從整體上去把握人類歷史的來龍去脈，我就是試圖用後一種方法來闡述人類歷史的。這種方法被後來的大衛·克里斯蒂安稱為『大歷史』。所謂的『大歷史』，就是統一的人類史，囊括了所有民族、國家、團體的統一的故事，這是一種歷史敘事的新視角。為什麼我們需要用『大歷史』的觀點來講述歷史呢？」（如圖 2-5 所示）

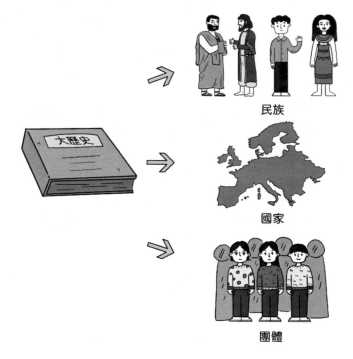

圖 2-5　「大歷史」寫作手法

「因為現在是全球化時代，如果我們還是像以前那樣，僅僅從各個民族國家的角度出發去講述歷史，那樣會讓我們覺得各個民族國家之間彼此還是競爭的，讓我們從潛意識裡認為人類其實還是彼此分裂的。這種分裂、狹隘的民族主義歷史觀會導致各民族的衝突。在人類已經有了毀滅自己的能力後，如果還這樣繼續下去，最終將會給自己帶來毀滅性打擊。為了人類的未來，我們需要『大歷史』！」眼鏡哥侃侃而談。

　　「說得非常正確！我也是擔心人類的毀滅，所以想要用另外一種角度去書寫人類歷史，只是我沒有做好。」湯恩比老師遺憾地說道，「不過，現在有人做到了。現在所寫的『大歷史』，在時間跨度上比之前的更長，並且不再是以人類為中心，而是在宇宙時間上研究宇宙、地球、生物及人類之間的相互關係。這種更加開闊的視角，我覺得非常好。」

　　湯恩比老師接著說：「雖然我之前的『大歷史』在時間跨度上沒有他們的長，但也需要掌握大量的史料，並且還要用理論去大膽構建人類歷史的基本脈絡和規律。一個人的知識是有限的，有時難免會有考慮不周的時候，所以《歷史研究》肯定有錯誤的地方。」

　　「老師，您的書當年很受歡迎，有報導說您是『世紀智者』，您還登上了《時代週刊》！」一名同學八卦道。

　　「有贊同肯定有反對，你沒有看到別人對我的批評。有人批評我『把社會生命看作一種自然生命而不是精神生命，這就好比某種純生物學的東西，最好根據生物學的類比加以理解』。有人取笑我用想像和理論去填補歷史空白，認為我的歷史學太過主觀，已經走向了神學。最後我的『大歷史』在史料、理論和政治形態的多重打擊下逐漸枯萎了。」說到這些，湯恩比老師有些難過。

　　「老師，雖然『大歷史』在『二戰』後慢慢冷卻，但在近二十年又開始興起了，像大衛·克里斯蒂安的《時間地圖：大歷史導論》、《簡明大歷史》，哈拉瑞的《人類簡史：從動物到上帝》等都受到大家的追捧。這說明人們還是渴望從整體去了解人類歷史的，同時也說明還有一部分歷史學家繼承了您當年的夙願。」一名學生安慰道。

　　湯恩比老師說：「當年我在寫《歷史研究》時，需要涉及歷史學、哲學、宗教學等多門學科，這對我來說是一個巨大的『挑戰』，我沒有逃

避，而是選擇了積極『應戰』。雖然我無法擺脫個人生活經驗的束縛，無法擺脫歷史的局限性，但我努力將它們的影響降到最低，即便如此還是出現了不少錯誤，對此我很抱歉。不過，我並沒有後悔寫這本書，如果再給我一次機會，我一定還會用『大歷史』寫作！」

「老師，您用自己的實際行動印證了您提到的挑戰與應戰理論。您的理論揭示出人類歷史是人和自然相互作用才創造出來的；當面對外部挑戰時，人類如何選擇，體現了人的創造性，是因為我們的選擇才造就了現在的我們；是您向世人揭示出每個文明面對挑戰所表現的創造力；人類多種多樣的文明史也告訴我們，歷史不是『被注定』的，人也是可以選擇的，這就是人締造歷史的方式。」眼鏡妹稱讚道。

「原來我覺得歷史學不過就是研究歷史而已，沒什麼實際意義。但是，透過這兩次課程，我發現自己以前的想法太片面了。回溯歷史才能更好地展望未來，並且歷史學家也不僅僅是一個學者，還肩負著重要的社會使命。當今世界面臨著很多迫切的問題，只有立足於一個長時間的維度去思考，才能看得更遠。而『大歷史』的視角能幫助我們更好地解決那些問題。」另一名同學說道。

「同學們，現在因為科學技術的發展，無論東方還是西方，人文學科的地位都受到了影響，歷史學的榮光已不及往日；此外，因為歷史學越來越專業化，離大眾生活也越來越遠，艱澀難懂的理論讓大眾失去了對歷史研究的興趣。如果再這樣下去，歷史學最終會消失於大眾的視線。朋友們，現在需要你們積極行動起來，重新喚回大眾對歷史學的興趣，重拾歷史學家的社會地位，用『大歷史』觀讓這個世界更和諧，一切都看你們的了！」湯恩比老師邊揮手邊說道。

第三章
李濟老師講「遺蹟中的歷史」

本章主要透過 4 個小節，從李濟老師發現的第一個仰韶文化遺址開始，到安陽殷商文化遺址，中間介紹了當年中國成立考古隊的緣由，考古中用到的一些方法，簡單介紹了中國近代考古的發展，以及考古對歷史學的重要意義。

李濟

（西元 1896 年 7 月 12 日至 1979 年 8 月 1 日），中國現代考古學家、中國考古學之父，中國人類學家，湖北鐘祥人，前後發表考古學著作約 150 種。

1926 年，他主持山西夏縣西陰村仰韶文化遺址挖掘，這是中國學者最早進行的獨立考古挖掘。

1928 至 1937 年，他領導並參與了震驚世界的安陽殷墟挖掘，使殷商文化由傳說變為信史，並將中國歷史向前推移了數百年。

1930 年，他主持濟南龍山鎮城子崖遺址挖掘，讓龍山文化呈現於世人面前。

他讓中國考古挖掘工作走上科學軌道，並培養了中國第一批水準較高的考古學者。

第一節　隱藏在陶片中的祕密

自從上了這門有趣的歷史課，李彤覺得自己每天都過得非常充實，她白天上班，晚上看書，週末上課。李彤還驚喜地發現，自從堅持每晚看歷史書以來，已經有段時間沒失眠了，因為一看那些書很快就有了睡意，這是不是意外的收穫呢？

因為睡眠好，李彤每天都很精神，上班的效率也提高不少，劉記在批評她的同時也會風輕雲淡地表揚她一下。不過經過歷史大家的「洗禮」，李彤現在已經能平靜地面對這些批評與表揚了。

她開始把每一個困難看成「挑戰」，把每一次努力看成「應戰」，她

告訴自己只有應戰成功才能成長。在這樣的激勵下，她開始主動去做一些沒人願意做的「苦差事」，開始主動挖掘資料背後的故事。對於她的這些變化，劉記看在眼裡，對她的稿件提出了更高的要求。

這個週末是個好日子，陽光燦爛，萬里無雲，李彤早早來到教室，大家正在猜測今天來上課的會是誰。

戴上頭盔後，李彤和同學們出現在一個大坑裡，感覺坑底距離上面有三米多高，一個穿著長衫的中年男子正孤獨地站在一個小土堆旁沉思。

「難道這是個中國人？」李彤心想。

看到有人來了，那個穿長衫的人快步走了過來說：「同學們，見到你們非常高興！我是李濟，可能大家都沒聽說過我，今天我會為大家講講考古學知識。」

「老師，我知道您，您是中國『考古第一人』，參與了仰韶文化、安陽殷墟、龍山文化的考古挖掘工作！」一名同學興奮地說，「之前我還想能不能在這次課裡看到您呢，沒想到真的看到了，好激動！」

「沒想到還有年輕人知道我，謝謝！今天我也很激動，能再次來到這個地方！大家知道這是哪裡嗎？」李濟老師環望四周，聲音裡有一絲顫抖，「這是山西浮山縣交頭河村，是我們當時發現的第一個『仰韶期遺址』！」

聽到仰韶遺址，大家都驚呆了。得知自己居然站在仰韶遺址上面，很多同學趕緊低頭看看腳下是不是有陶器之類的寶貝。

李濟老師笑道：「大家不用看了，早被我們收集走了！」

「當年，我和地質調查所的袁復禮先生一起來山西進行考古調研。我們在一個黃土斜坡上撿到了一片風格古樸的紅色陶片，我猜測附近肯定還

有類似的陶片，於是一路上我們都看得很仔細，後來果然又看到一些周代和漢代的灰陶片。」

李濟老師接著說：「我們繼續走，突然在一片枯萎的淫草中又看到一片黑色花紋的紅色陶片。我們走了過去，看到了很多類似的陶片，它們一片接一片靜靜地躺在那裡，等待我們的到來。這就是當年我們發現彩陶碎片的地方，也是我們在山西找到的第一個仰韶期遺址。我們在這裡收集了127片陶片，其中42片是帶彩的，帶彩陶片中還有20片是有邊的。」

「老師，您當年挖掘的好像不是這裡，應該是西陰村吧！」那位知道李濟的同學不解道。

「是的！我們離開了這裡，趕往其他考察點，其中一個就是夏縣，那裡有傳說中的大禹廟和禹王後裔，以及大臣的陵墓。以前史學家對於三皇五帝的傳說只是懷疑而已，沒有誰想著去實地考察。我想將考古挖掘與傳統的中國史結合起來，讓中國史學界不再停留在對史料的懷疑上，而是用鋤頭去挖掘，去驗證。」

「原來這就是老師您雖非科班出身，卻轉投考古事業的原因！」另一名同學說道。

「這只能算是其中一個原因吧！當時很多跟中國古史有重要關係的資料，大多是由外國人尋找出來的，這讓我這個中國學者汗顏，我不想以後還是這樣，所以我拿起了鏟子！」

「閒話不說了，我們還是繼續之前的話題吧。」正當同學聽得津津有味時，李濟老師突然轉換了話題，「當年我們穿過西陰村，突然看到一大片史前陶片，你們知道那有多麼震撼嗎？」李濟老師臉上帶著夢幻般的微笑，應該是陷入過去的回憶中了。（如圖 3-1 所示）

圖 3-1　偶然的發現

「估計跟我看到一座金山的感覺是一樣的！」一名同學戲謔道。

李濟老師緩緩道：「這個遺址面積有好幾畝，比之前在交頭河發現的遺址要大很多，並且陶片也有所不同，彩陶的圖案主要有三角形、直線和大圓點，於是我們將這個地方初步確定為未來的挖掘現場。為了不引起當地村民的注意，我們強壓內心的激動，裝作很隨意的樣子撿了一些碎陶片後，就匆匆離開了。」

一名女同學問道：「老師，你們發現了這麼大的史前陶片遺址，難道不得馬上就挖掘嗎？要是被盜墓的發現，偷盜了多可惜！」

「當時我們只是去調查，然後要將調查情況上報，只有得到批准後才能去挖掘。」李濟老師解釋道。

「老師，我看一篇報導說您當年在調查回去的路上還感染了傷寒，即便躺在病床上，您還一心籌劃著西陰村的考古挖掘工作。」一位同學說道。

「因為當時心裡非常著急。看到那麼大的史前遺址，一天不去挖掘，一天不去證實，我的心就一天不踏實！當時，以瑞典地質學家安特生為代表的西方學術界，認為我中華史前彩陶是『西來』的，我覺得他的結論太過武斷，因為他的很多解釋沒有切實的證據。只有將中國境內史前遺址完全考察一次，才有可能解決這個問題。」李濟老師說道。

「1926 年 9 月，病好後，我和袁復禮再次前往西陰村，正式開始考古挖掘。經過兩個月的挖掘，雖然沒有發現傳說中的夏都，也沒有找到中華文明並非西來的鐵證，但是卻挖掘了好幾萬陶片，還挖到了石器、獸骨、琉璃等，還有引發學術界長期爭議的『半個蠶繭』等新石器時代的遺物。」李濟老師自豪地說。

「老師，據報導當年您用九輛大車，五六十匹馬騾，走了 9 天，才將六十箱陶片運回北京，是這樣嗎？」一名同學好奇地問道。

「是的。當時還有人問我們：『你們花了那麼多錢，難道就是為了這些破陶片？』當時很多人都不理解『掘一個墳，尋一塊骨頭，裡面就有學問』，很多人不知道這些陶片真正的價值，不知道它們隱藏了多少祕密。」李濟老師提高了聲音。

「考古學家能從這些仰韶遺址中了解當時人們的生存環境、居住環境、村落形態、日常生活乃至社會組織、意識形態、婚姻關係、喪葬習俗等。有了這些內容，幾乎就能還原當時社會的生活方式。這就是當時的歷史，是透過實物證實的歷史。」

李濟老師接著說：「透過那些陶片我們可以知道，仰韶文化時期的製

陶業是非常發達的，而製陶的技術又能代表當時手工業經濟發展的水準。仰韶文化時期的彩陶花紋和風格雖然不同，但也有共同的特點：早期是以紅底黑彩或紫彩為主，中期變成了先塗繪白色或紅色，再加繪黑色、棕色或紅色的紋飾，有的黑彩還鑲了白邊，非常美麗。透過對彩陶圖案紋飾痕跡的分析，可以知道當時繪畫已經使用了像毛筆一類的軟工具。透過陶器上大量跟魚相關的圖案，以及出土文案中骨製的魚鉤、魚叉、箭頭等，可以推測仰韶時期人們還進行漁獵。這都是那些『古物』告訴我們的，不是我們的想像。這些陶片對研究中華文明史有著重要的意義，對於重建中國古史，探尋中華文明之源都有著重要的意義。」

第二節　誰說殷商只是一個傳說？

「根據《尚書》、《史記》等文獻記載，商王朝大概延續了五百年，並且數次遷都，第 19 代商王盤庚遷都至殷後又經歷了 8 代，直到商滅亡，最後變成廢墟。對於這樣的史料記載，有人深表懷疑，當時恰逢安特生『中國文化西來說』在世界上盛傳。難道這些史料記載真的只是一個傳說？中華文明只是一個『舶來品』？」李濟老師沉聲道。

「學術界很多人都不認同，但是我們拿什麼去反駁？打嘴仗是沒有任何意義的，只有拿出實證才是最好的反擊。」

李彤在心裡默默幫老師鼓掌，是啊，當別人懷疑你的時候，最好的反擊就是用事實說話，用實力回擊。如果你拿不出實際的證據，那麼別人的懷疑可能就是對的。

「老師，甲骨文不能證實殷墟存在嗎？好像清末時甲骨文就被發現了！」一名同學問道。

「1903 年，第一部甲骨文著錄《鐵雲藏龜》出版後，引起了整個學術界轟動，一時間中藥鋪的『龍骨』身價暴漲，最後經過羅振玉多方探求和考證，最終確認河南安陽的小屯村就是文獻記載的殷墟。後來王國維又對甲骨文上的資料進行考據，整理出一份商王世系表，進而證實了小屯村就是史料記載的盤庚遷都的都城。」

李濟老師感慨道：「有文字記載，年代也明確，並且在學術上也有著重要的意義，這樣集『萬千寵愛』於一身的地方簡直就是眾多考古人夢寐以求的考古佳地啊。並且當時因為甲骨紋身價奇高，有很多人去盜掘，對殷墟破壞很大，也是出於保護殷墟的目的，中央研究院歷史語言研究所準備對殷墟進行挖掘。」（如圖 3-2 所示）

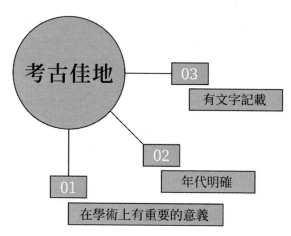

圖 3-2　考古佳地

「老師，我看了很多盜墓小說和電影，你們的考古跟他們有什麼不同呢？」一名同學好奇地問道。

李濟老師笑了：「這中間的不同太多了。考古不是挖寶！考古不僅僅是發現古文物，更重要的是對古文物內涵的關注。在我看來地下的瓦礫骨頭與黃金珠寶沒什麼區別。而那些盜墓賊在乎的只是東西值不值錢，哪裡

知道那些古物出土的地點、層位以及連帶關係，哪裡知道什麼是系統性挖掘。考古不僅要讓古代遺址及遺物的科學價值曉之於眾，還要對它們進行必要的保護。不科學的考古也會帶來災難。」

「我看有記載說，對定陵地宮的考古就是一場災難。當時根本沒有嚴謹考察地宮中的詳情，就匆匆開挖，還沒有做好充分的準備工作，結果導致一些珍貴的絲織品、字畫等珍寶灰飛煙滅，並且當時萬曆皇帝及皇后的屍骨被燒毀，金絲楠木棺槨也被扔掉。」一名同學氣憤地說。

「是的，科學的考古工作絕不是簡單的挖掘，不是一種業餘的工作，它是專業的。一個錯誤的觀察，一次不細心的紀錄，可能帶來謬種流傳，成為學術前進的一大障礙。安陽殷墟第一次挖掘，因為缺乏科學考古知識，就出現一些珍貴的商代人頭骨及陶片被發現後又被扔回坑裡重埋起來的情況。」李濟老師無奈地說道。

「當我知道這些失誤後，馬上停止了挖掘，重新制定了計畫，於 1929 年 3 月開始第二次挖掘。」

「老師，安陽廢墟挖掘工作前後進行了 15 次，歷時 10 年，這中間您一定遇到很多困難吧？」一名同學問道。

「唉，這是一項偉大的工程，其間所面臨的艱難也是前所未有的。」李濟老師嘆道。

「首先就是盜墓。你們現在看的盜墓小說，就是那時情景的再現！那些盜墓賊跟當地的軍官勾結起來，屢禁不止，甚至猖狂到跟軍警交火。還有土匪。1936 年發現的 127 號灰坑，裡面藏有 1.7 萬枚甲骨。為了妥善挖掘，最後決定將整個灰坑切割起來運到南京，當時搬運工作進展非常緩慢，這個消息被一夥土匪知道了，他們帶著槍來搶，幸虧當時埋伏了士兵，才逃過一劫。」

「老師，您這麼一說，我覺得考古不僅要具有考古知識，還要做好防盜準備！」一位同學道。

「是啊，你們以後如果從事這一行業，也要注意這些防護措施，以保證考古的目的得以實現。有時不是所有人都能理解考古工作，可能你們現在會好很多，當年挖掘安陽廢墟時很多人批評我，說考古是學術教育的敗壞，要求通令全國將一切挖掘取物的人都依法嚴辦。幸虧當時蔡元培先生站在史語所這一邊，在各大報刊上發文駁斥，才讓我們的挖掘工作得以繼續。」（如圖 3-3 所示）

「殷契，母曰簡狄，有娀氏之女，為帝嚳次妃。三人行浴，見玄鳥墮其卵，簡狄取吞之，因孕生契。契長而佐禹治水有功。帝舜乃命契曰『百姓不親，五品不訓，汝為司徒而敬敷五教，五教在寬。』封於商，賜姓子氏。契興於唐、虞、大禹之際，功業著於百姓，百姓以平」

證實

圖 3-3　安陽廢墟的發現

「『七七事變』爆發，安陽廢墟的第十五次挖掘工作才開始十多天就不得不結束，我們帶著挖掘出的文物、挖掘工具、標本等被迫轉移。1938年，安陽陷落，日本學者開始對殷墟進行非法挖掘，令人痛心。」李濟老師回憶道。

聽到這裡，同學們也唏噓不已。

「同學們，跟你們說這些，只是希望你們能記住歷史，並從中吸取經驗教訓。我們有過很多輝煌的過去，我希望未來中華民族更加輝煌。」李

濟老師邊走邊激動地說。

「透過十年對安陽殷墟的挖掘，我們找到了商王朝的宮殿和王陵、大型排水溝、大批的甲骨、大面積的祭祀坑、車馬坑等，說明這裡已經構成了森嚴宏偉的王都輪廓，證實了《竹書紀年》中對商代晚期都城的記載，也坐實了殷墟遺址就是商王朝第 19 位王盤庚建立的，最後直到商朝滅亡！」

「這次的挖掘不僅證實了商代存在，而且還證實當時已經具有高度發達的文化和等級森嚴的社會機構，用事實反駁了那些懷疑中國古代史料的人，反駁了那些說殷商仍處在石器時代的人。隨著安陽考古的不斷發現，那些懷疑者也不再胡說了。」李濟老師高興地說。

「其實，司馬遷《史記‧殷本紀》中記載的帝系的名字，幾乎都能在新發現的考古標本中找到。這樣的結果讓不少人推論《史記‧夏本紀》，以及先秦文獻中關於夏王朝的記載應該也是史實，不過遺憾的是我沒有親眼見證這偉大的時刻，希望你們有人能完成很多人沒能實現的遺願。在這裡，我將自己總結的一些考古方法傳授給你們，希望對你們有所幫助。」

第三節　田野考古方法

「同學們，說到『田野考古』，你們想到的是什麼？」李濟老師微笑著問道。

「頭戴草帽，在野外進行挖掘。」一同學笑道。

「在深山老林中尋找墓地。」另一同學答道。

因為昨晚惡補考古知識時，正好看到過田野考古的介紹，李彤回答道：「是一種研究歷史的方法，用科學的方法去實地考察，然後獲得實物資料。」

　　李濟老師點頭道：「其實中國在北宋時期就形成了研究古代青銅器和石刻碑碣的考古學，當時的考古者對銘文、圖形、尺寸大小、出土地點等進行研究、考釋和紀錄，比如劉敞的《先秦古器記》，呂大臨的《考古圖》，趙明誠的《金石錄》等。」

　　李濟老師又補充道：「到了清代，考古學被正式命名為『金石學』，並開始進入鼎盛時期，尤其是甲骨文的發現成為金石學的一個里程碑，後來金石學的研究範圍拓展到甲骨、簡牘、玉器、陶瓷器等領域。這就是中國考古學的前身，沒有完整、嚴密的科學理論和方法，沒有斷代的研究，沒有田野挖掘，主要是對已經出土的古物進行研究。後來，西方近代考古學傳入中國，它就不再獨立存在，變成了考古學的一個部分。」

　　「老師，難道近代考古學也是由安特生傳入的？」一名同學問道。

　　「是的！中國近代考古學就是在傳統金石學的基礎上，吸收了歐洲近代考古學形成的，是以田野挖掘為基礎的。同學們，我理解你們的心情，但是我想說，沒有一個區域的文化是完全孤立發展起來的，吸收外來文化無可厚非，你們不必太過介懷。我希望新時代的你們能以博大的心胸吸收世界上一切先進的知識，為我所用，不斷提高自己，這是最重要的。」

　　聽了李濟老師的話，同學們感覺有些不好意思，沒想到自詡「現代人」的我們，還不如舊時代的老師。好像看透了大家的心思，李濟老師說：「這也是我從眾多歷史經驗教訓中總結出來的。同學們，如果讓你們去考古，你們準備怎麼實施呢？」（如圖 3-4 所示）

　　「老師，應該是先透過史料找到準確的位置，然後準備各種需要的資料，接著做好計劃，按照計劃實施就可以了。我看那些盜墓小說是這樣寫的。」一名同學說道。

第一步：查閱各種文獻資料，準備好調查中要用的工具

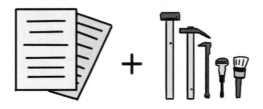

第二步：調查文字紀錄、繪圖、照相、測量以及標本的採集

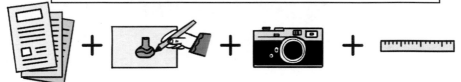

第三步：確定地點，發掘遺址

第四步：根據土質土色分辨出不同的文化層，
　　　　然後將其劃分出來，進行編號

第五步：寫考古發掘報告

圖 3-4　田野考古法

「看來你們對盜墓這一行業很了解！」李濟老師笑道，「在田野考古前，我們當然也需要進行必要的調查工作，不過考古不是盜墓，我們調查的目的是了解遺址或者遺物的現狀和分布範圍，確認是否進行挖掘或是否需要保護，所以調查中我們要做好各種文字紀錄、繪圖、照相、測量以及標本採集等工作，在調查前要查閱各種文獻資料，並且還要準備好調查中可能會用到的工具。」

　　「在挖掘過程中，我們要用到各種工具，通常會涉及遺址和墓葬的挖掘。一般遺址挖掘中，主要是根據土質土色辨別出不同的文化層，然後將其劃分出來，進行編號。出土的遺物要分別存放，並做好記錄。墓葬挖掘時，透過挖掘了解古代墓葬的習俗，透過隨葬品了解古代的工藝水準和社會經濟生活情況，透過對墓中人骨骼的鑑定了解古代不同種族的人種以及體質特徵。」

　　「老師，墓葬挖掘難道最主要的部分不是注重陪葬品嗎？」之前那個喜歡看盜墓小說的同學問道。

　　「看來你們受盜墓小說的荼毒不淺啊。」李濟老師無奈地說，「其實考古中，墓葬裡面有很多需要注意的地方，比如：是土葬、火葬、水葬，還是懸棺葬；是木棺、石棺、瓦棺，還是陶棺；下葬時是俯身葬、仰身葬、曲肢葬，還是直肢葬；是土坑墓、洞室墓，還是崖墓。這些都是重要資訊，都要記錄到考古挖掘報告中。當然，考古挖掘報告還有很多內容需要記錄，這裡就不一一細說了。」

　　「當年我們挖掘西陰村史前遺址，是中國的第一次田野考古。當時西方正流行地層學，我們也應用了這一學科，以此來推斷古物的年代。」李濟老師繼續道。

　　「什麼是地層學？考古學上將人類活動形成的層次關係稱為『地

層』，將遺址中沒有人類活動，天然堆積的土層叫『生土層』；將有人類居住或長期活動形成的土層叫『熟土層』；將熟土層中有較長時間中斷，或不含任何人類遺物的自然堆積層叫『間歇層』；將因自然或人力破壞，使得遺址原有土層形成一種倒置分層的現象，叫『倒裝地層』；將含有人類活動遺蹟、遺物的熟土層叫『文化層』。」

「老師，怎麼能區分出哪是『文化層』，哪是『生土層』呢？」眼鏡妹好奇地問道。

「在同一個地點，因為堆積的時間和條件不同，自上而下會形成不同土質、土色和不同包含物的層次。當年我們在西陰村挖掘時，就根據土色的變化，將各地層的狀況詳細記錄下來，並繪製了平面、剖面圖。」

李濟老師接著說：「對於重要的出土物件，我們還採取了『三點記載法』，有人知道這個方法嗎？」（如圖 3-5 所示）

歷史學家說：
三點記載法中的「三點」就是出土文物與參考點之間的縱向、橫向距離，以及它距離地面的深度。

圖 3-5　三點記載法

不負眾望，眼鏡哥站了出來，說：「三點記載法就是記錄出土文物與參考點之間的三維距離，也就是出土文物的位置與參考點之間的縱向、橫向距離，以及它距離地面的深度。」

李濟老師笑道：「不錯！不過這種方法只適用於那些重要的出土物。對於數量巨大的，根本沒法做到件件都記錄其三維坐標的，我們又該怎麼辦呢？」

一個同學小聲道：「好像有個什麼『層疊法』。」

李濟老師解釋道：「是的。所謂的『層疊法』，就是按某一固定長度單位來劃分地層，然後進行挖掘和記錄，用大寫英文字母表示。使用這種方法的好處就是，能最大限度地記錄地層中出土的一切遺物。」

「老師，前面您講的文化層，它的堆積應該不一定就是水平的，並且厚度應該也是不同的吧？您這樣人為等高來劃分是不是就不準確了呢？」眼鏡哥拋出一個問題。

「很好，這說明你聽課的時候努力思考了。」李濟老師笑著表揚道，「所以雖然我按固定的長度去劃分水平層，但是每一層內我又根據土的顏色、土的容量等劃分出薄厚不等的分層，從上到下用小寫英文字母表示。

在城子崖遺址挖掘時，我在水平層內又根據土質、土色和包含物不同進行了分層，這就是『拔蔥式』的挖掘方法。

後來，梁思永先生又將地層學跟類型學結合起來，提出了『三疊層』理論。有誰知道這個理論嗎？」李濟老師問道。

看到沒有人回答，李濟老師自己解釋道：「1930 年，西陰仰韶遺址根本沒有出土完整的器物，都是大量的陶片。梁先生仔細分析後發現，這些陶片不能稱之為一種仰韶陶器，所以也無法排列出器物形態的演變順序，於是就嘗試對這些陶片進行分類研究。1931 年，安陽後岡遺址挖掘時，梁先生提出後岡遺址從上到下是殷墟、龍山和仰韶文化三個大的文化層疊加的，也就是『三疊層』，並且在挖掘和遺物的統計上都是以不同文化層為單位進行的。」

　　「『三疊層』的提出意義深遠，它確認了仰韶文化早於龍山文化，龍山文化又早於商文化這一邏輯順序，標誌著中國近代考古學終於成熟了。」李濟老師開心地說。

　　「可能有同學會疑惑，我為什麼要講這麼久的考古學。主要是因為它和歷史學的關係匪淺，並且意義重大。」

第四節　考古對歷史學的意義

　　李濟老師說道：「20 世紀初中國史學界興起了一場『古史辨運動』，當時中國史學界有兩種觀點，一種是疑古，一種是古史重建。不過疑古派也不是單純地懷疑歷史，而是希望透過『疑古』重新建立科學的中國古史體系。為了完成這個目標，疑古派將目光轉向了考古學，可以說中國的考古學就是在重建中古史這個偉大的歷史使命下誕生的，從誕生之日就以研究和重建中古史為己任，並積極探求研究和重建中古史的方法。」

　　「當時考古學只是『證經補史』，只是為了證實和補充文獻史學的一門工具。後來，隨著大量考古資料的發現，其作用越來越受到學術界的重視。1925 年王國維先生提出了『二重證據法』，也就是將考古發現的新資料與古文獻記載相結合，從而相互印證，來考量中古史，我很贊同他的這種研究方法。」李濟老師接著說。

　　「但是，我對『新資料』的理解跟王先生又有所不同。王先生的新資料以文字為限，是地下史料，而我的新資料不只這些，我覺得凡是經過人工的、埋在地下的資料，不管是否有文字都可以作為研究人類歷史的資料，畢竟人類有文字記載的歷史只有幾千年，這段歷史只是人類歷史的一小部分。」

「老師，這麼說考古學是歷史學下面的一個分支？」一名同學問道。

李濟老師答道：「在中國是這樣的，但是也有國家將考古學歸於人類學。雖然考古學在中國發展還不到百年，但它對我們了解過去的文化、了解歷史有著重要的意義。

首先，考古學為我們研究中國歷史提供了大量的資料，這些資料有出土的文獻，比如甲骨文，還有大量的考古實物，它們都包含了很多重要的歷史訊息。是考古學將歷史研究從有文字記載的部分延長到整個人類的歷史，是考古學復原和重建了中古史。」李濟老師激動地說。

「其次，考古學還可以『證文獻之真偽，補文獻之闕如，糾文獻之不足』。在研究中古史時，如果將考古學與文獻史學相結合，則可以解決很多長期懸而未決的問題。就像安陽殷墟的考古，讓史學家對《史記》中資料的可信度有了新的了解；還有殷墟考古中發現的青銅器、陶器、玉器、石器等遺物和墓葬等，從不同方面反映了晚商文化，有些跟文獻相符，有些彌補了文獻的不足。」（如圖 3-6 所示）

聽到這裡，李彤的心一動，在某些新聞上自己有時得不出一個明確的結論，看來還是因為沒有多去拓展角度。就像可以用考古去證實、補充文獻一樣，自己也可以從其他角度去證實、補充之前的資料，然後得出一個明確的結論。等回去了就試試從其他角度入手，看能否將之前放在那裡的報導補充完整。

李彤還在沉思時，李濟老師又道：「以前中國史學都是從文獻中尋求解決問題的方法，但當考古學被引進後，新史學家將目光轉向了考古學，希望用考古學來解決歷史問題。所以考古學引發了歷史研究方法論上的變革，並且擴大了歷史研究的領域，比如，20 世紀初發現的甲骨文擴展了學術的領域。將歷史文獻與考古資料相結合的方式，具有劃時代的意義。」

一、為研究中國歷史提供資料，如甲骨文、考古實物

甲骨文　　　　　　　考古實物

二、用考古學來解決歷史問題，如殷墟考古發現的青銅器、陶器、
　　玉器、石器等遺物和墓葬等，從不同方面反映了晚商文化

青銅器　　　　陶器　　　　玉器　　　　石器

三、考古學拓展了歷史研究的領域，如人類起源、農業起源、
　　文明起源、國家起源、生態環境、社會生產組織結構等

人類起源　　　　　　　　　　文明起源

四、考古學還促進歷史研究的進步，現代技術的易用使得採集
　　訊息的手段多樣化，從考古材料中提取訊息也倍增，這些
　　考古學的進步都促進了歷史研究的進步

圖 3-6　考古學的意義

「不過考古學也不完全跟歷史學一樣，它在形成和發展過程中也形成了自己獨特的研究領域。你們有誰知道都是哪些領域嗎？」李濟老師問道。

「應該有農業、手工業、宗教信仰、墓葬習俗吧？」一名同學不敢肯定。

「是啊，此外還有人類起源、農業起源、文明起源、國家起源、生態環境、社會生產組織結構等。」李濟老師補充道，「像這些領域，文獻資料或未涉及，或涉及很少，所以說考古學拓展了歷史研究的領域。」

「老師，考古學應該也有自己的局限，像人的心理、語言、文學、一些特定的歷史事件，它是無法涉及的。」一名同學說道。

「是的，所以我們提倡歷史研究要將考古學和文獻史學結合起來，這樣才會更加全面，更加詳實、可信。」李濟老師說道，「最後，考古學還促進了歷史研究的進步。」

「在我們進行考古挖掘時，技術是非常落後的，但是你們現在不一樣了，有了很多現代技術，採集資料的方法更加多樣化，從考古資料中獲取的資訊也成倍增加，這些考古學的進步都促進了歷史研究的進步。現在你們又把電腦技術引入考古學中，透過現代化手段來測量和記錄考古遺址，這無疑是巨大的進步。」

「老師，這麼說來考古學對研究人類古代社會史有著重要意義，它可以讓我們民族的歷史更加豐富、更有說服力，讓我們能更清楚地了解過去的歷史文化，對現在和未來都有很好的啟迪作用。」一名同學說道。

「是的，所以人們常說『通古博今』！主要是從過去的歷史中發現一些社會發展規律，讓這些規律能為我所用。」李濟老師說道。

　　「同學們，跟人類的歷史長河相比，我們的一生太短暫，短到無法兼顧太多，所以我希望你們不要追求廣博，而要追求精深，長期堅持在某一範圍內去研究，這樣會更好。」李濟老師不捨地邊說邊揮手告別。

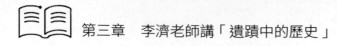

第四章
赫勒敦老師講《歷史緒論》

本章透過 3 個小節，首先講述了伊本·赫勒敦老師為什麼要將歷史和哲學結合起來，然後簡單介紹了歷史哲學研究內容，接著介紹了人類文明是怎樣產生的，伊本·赫勒敦老師所發現的歷史規律，以及經濟對文明、國家興衰的作用。

伊本・赫勒敦

（西元 1332 年 5 月 27 日至 1406 年 3 月 19 日），阿拉伯歷史學家、哲學家、經濟學家、社會學家、政治活動家，被稱為「人類歷史哲學和社會學的奠基人之一」。

他從小就開始學習聖訓、教義、語言、詩歌和哲學等知識。18 歲開始步入政壇，從此一邊從政，一邊潛心研究著述。他一生經歷坎坷，宦海幾度沉浮，這對他的創作思想和哲學思想的形成有著直接的重要影響。西元 1374 年，他隱居在伊本・薩拉邁的城堡中，開始安心寫作，第一部分《歷史緒論》就是在那時完成的。

第一節　當歷史與哲學結合在一起會發生什麼？

李彤下課回家後，找出了那篇沒寫完的報導。該報導是探究殺人狂魔心理的，殺人犯對自己所有的罪狀都供認不諱，但是對於自己的作案動機卻避而不談。李彤試著分析自己還能從哪些方面著手，去切入罪犯的內心。

李彤看了之前的採訪紀錄，主要來自罪犯的家人、鄰居，沒什麼收穫。她想了想，覺得自己還可以採訪罪犯的同學、老師、朋友，當時辦這個案子的警察，以及一些犯罪心理學專家，看看是不是會有什麼突破。

上班後，李彤就跟劉記說了自己的想法，劉記思考後同意了，並再三叮囑她在採訪中要注意自己的言辭，儘量不要帶有主觀色彩。採訪雖然沒有取得突破性進展，但李彤對罪犯連續殺人的原因有了一些了解，這讓她很興奮。她想繼續追尋下去，看看能否找到他是怎樣由一個普通人變成殺

人狂魔的，希望以後能避免這樣的情況再度發生。

　　緊張而忙碌的一週過去了，又到了該去上課的週六。因為不知道每次上課會是哪一位大師，所以大家都充滿了期待。這樣神祕的方式讓以前上學總會遲到的李彤居然一次都沒遲到過，簡直就是一個奇蹟。

　　戴上頭盔後，李彤發現自己置身於一片草地上，前面好像一棟童話中的城堡，城堡大門口站著一位頭上包著白頭巾，身穿白色長袍，留著長鬍子的男人。

　　看到有人來了，那人走了過來，熱情地說：「朋友們，終於等到你們了！我是伊本・赫勒敦，阿拉伯人。」

　　「原來是您！」眼鏡妹驚訝道。

　　「看來小朋友你對我有所耳聞啊！」赫勒敦老師笑瞇瞇地看著她。

　　眼鏡妹羨慕道：「因為老師是個全才啊，在經濟學資料中有您，在社會學資料中還有您，在歷史學資料中依然有您，看得多了也就記住您了！」

　　「哈哈！」赫勒敦老師有些悲涼地笑道，「這個可能跟我的經歷有關吧。你看我既當過高官，也進過監獄；既享受過世間的榮華富貴，也飽嘗了人間的世態炎涼：我的一生經歷了無數次的沉浮和坎坷。經歷得多了，慢慢知道的也就多了。」

　　「老師，在您之前的哲學家，無論是希臘的還是阿拉伯的，他們的研究大多局限於神學範疇，很少涉及人類歷史和社會生活，但您卻改變了這一局面。您說『一些哲學家去研究天上神界，不過他們對自己提出的學說和論點根本無法證實，因為他們沒有生活在那裡。我們應該研究我們生活的這個世界，因為我們生活在這個世界上，我們對這個世界的了解遠遠超過了對神界的了解。在這個世界，我們可以憑藉自己的觀察和感受去了解

一些具體的事物，去分析出他們的前因後果』。是您改變了當時哲學研究的方向，並創立了社會哲學和歷史哲學啊。」眼鏡妹激動地說。（如圖 4-1 所示）

赫勒敦老師的嗓子有些沙啞，「謝謝你給了我這麼高的評價。」他緩緩說道：「是的，我覺得當時那些哲學家的學說是無法證明的，但是我們生活的這個世界卻可以了解得更加真切，我們可以觀察、反省，然後對這個世界有一個更加確實的判斷，所以我主張研究社會、研究歷史和現實，而不是那些虛無縹緲的『存在』、『理念』等命題。」

「老師，您的觀點跟我們的一位古聖人——孔子很像，他也主張研究歷史、社會和人遇到的各種具體問題，他說生的道理還沒弄明白，怎麼能弄明白死是怎麼一回事呢？活人的事都已經忙不過來了，哪還有心思去管死人的事呢？對於那些說不清、道不明的事，還是『敬而遠之』的好。」好久沒發言的眼鏡哥說道。

歷史學

對過去事件和歷代王朝的記錄

深入下去就會發現

歷史學

是對史實真相的推理、考證和獲得，
是對事物起源和原因的詳細闡述，
是對歷史事件之所以發生的深入思考。

我們不能孤立地看歷史

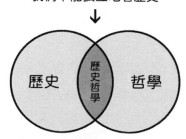

圖 4-1 當歷史遇上哲學

「沒想到在遙遠的東方還有跟我志同道合的人，可惜沒有遇見！」赫勒敦老師遺憾道，「我們還是回到歷史學上吧。其實我生活的時代，阿拉伯史學已經取得了很大的成就，當時的歷史研究與撰述有兩種傳統。一種認為歷史學就是根據歷代傳述者的記載，我們應該按照年代的順序，將那些歷史事件原封不動地記錄下來，我們不用對這些歷史事件進行理性的探求。同學們想想，如果這樣來記錄歷史，將會帶來什麼弊端？」

李彤心想，這不就是從前的自己嗎？直接把資料羅列出來，從不提出自己的觀點，因為這樣劉記才經常罵她，並讓她多看歷史，她才來學歷史學。沒想到從前的歷史學原來跟自己一樣不喜歡思考，看來不愛動腦是人的本性啊。李彤想了想回答道：「老師，如果對那些資料不辨真偽就記錄下來，有可能會產生錯誤，並且這樣用史料堆積出來的文章將會沒有靈魂，這樣的做法也會導致史學家將研究方法局限於對史料來源的考證上。」

「這位同學總結得很好！如果僅僅將歷史看作一門史料學，覺得只要收集的史料夠多，就能編出一部好的歷史著作，就大錯特錯了。因為沒有理性的判斷，缺乏對歷史內在特徵的認知和研究，他們無法做出正確的判斷，最後編撰出來的歷史也是漏洞百出、謊言連篇的東西。」

赫勒敦老師繼續道：「想要對史料有個正確的判斷，我們需要了解清楚整個人類社會歷史的內在本質和發展規律，認清各民族、各國家在不同時期的特徵，並探明人類社會的各種影響因素，只有這樣歷史學才能成為一門客觀記錄過去的學科，才是真實的人類歷史，這樣的歷史才能對人類的未來有指導作用。」

「所以我不贊同第一種觀點。第二種觀點就是，我們對歷史的研究不能只依賴於權威的傳述，還要有我們自己理性的思考。因為歷史學不僅僅

是一門史料編纂學，它還是一門對人類社會和文化進行哲學思考的學科。所以我想從哲學的角度去尋找人類社會歷史的本質，試圖用哲學方法對其進行重新闡述，並對史料內容進行重新分析與考證。」赫勒敦老師說道。

「但是，我發現之前絕大多數歷史學家都沒有對歷史進行深入的研究，所以我覺得非常有必要將對歷史的深層研究單獨提出來，作為一門新的獨立學科來看待。首先，這門學科是從屬於歷史學的，是一種區分史料真偽的標準方法；其次，這門學科是哲學的一個分支，是從哲學的角度對歷史的本質與特徵進行闡述。但是，這門學科又跟歷史學和哲學都不同，它主要是用來解決人類文化本質的各種問題。」

一名同學問道：「老師，您的這門學科其實就是歷史學和哲學的交叉，是嗎？」

赫勒敦老師道：「是的。從表面上看，歷史學不過是對過去事件和歷代王朝的紀錄，但是如果我們深入下去就會發現，歷史學其實是對史實真相的推理、考證和獲得，是對事物起源和原因的詳細闡述，是對歷史事件之所以發生的深入思考，所以我們不能孤立地去看歷史，而要將歷史根植於哲學中去思考歷史事件背後的本質，應將其視為哲學的一個分支學科，這個新的學科我將它稱為『文化學科』，也就是你們現在所說的歷史哲學。」

「老師，您是世界上第一位明確提出將歷史哲學作為一門學科的學者！您真是個天才！」一名同學讚嘆道。

「我根本不是什麼天才，只不過是對一些事情多動腦思考而已。」赫勒敦老師謙虛道，「前面我們說過，歷史哲學的研究對象是人類社會組織或文化，那麼從歷史哲學的角度去探討人類文化的演化過程又是什麼樣的呢？」

第二節　歷史是有規律的！

赫勒敦老師道：「人類文化是隨著各個國家、民族的境況不同而不斷發展、變化的，不過這種變化不是任意的，深入研究你會發現它們是有一定規律的。有同學發現它們都呈現出什麼規律嗎？」

「跟人一樣，都有產生 - 成長 - 死亡這三個過程。」一名同學接道。

「是的，世界上一切事物都有這樣的過程，人類文化當然也不能例外。只不過這種變化需要很長的時間，所以常常不易覺察，只要極少數人才能發現其中的規律，並且因為這些變化，讓不同民族和國家在不同歷史時期表現出自己的差異性和特殊性。」赫勒敦老師道。（如圖 4-2 所示）

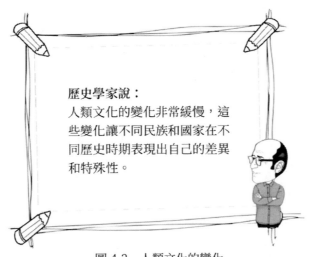

歷史學家說：
人類文化的變化非常緩慢，這些變化讓不同民族和國家在不同歷史時期表現出自己的差異和特殊性。

圖 4-2　人類文化的變化

「同學們分析一下，人類文化是怎樣產生的呢？」看到大家茫然的眼神，赫勒敦老師又問道，「大家想想，人類最基本的需求是什麼？」

「吃飽穿暖。」一名同學脫口而出。

赫勒敦老師笑了：「早期人類的需求只有兩個，一個是食物，跟這位

同學說的一樣，一個是安全，防止其他動物的襲擊。只有滿足這兩個條件，人類才能生存下來。但是早期的人類如果僅僅依靠自己的力量，達到這兩點還是很難的，只有聯合起來才有效。人們聯合起來形成某種社會組織，人類文化也就產生了。」

「人類文化產生之後，又經過兩個階段的發展過程，第一個就是處於初級階段的原始遊牧文化，第二個就是處於高級階段的文明城市文化。」

赫勒敦老師接著說：「在遊牧文化階段，人們的目標主要是滿足最基本的生存需求。社會組織規模小，還很分散，人類主要依靠農業和畜牧業謀生。當時生產水準低下，勞動協作程度也低。不過，這樣的生活方式使得人們體格健壯，品德優良，團體意識強烈，『團體精神』是歷史發展的一種基本動力。」

「後來，人們是怎樣從遊牧文化過渡到城市文化的呢？」赫勒敦老師問道。

「飽暖思淫慾！」之前回答「吃飽穿暖」的同學繼續答道。

「老師，當人們滿足生存需求之後，就開始追求舒適與享樂了。」另一名同學答道。

赫勒敦老師解釋道：「是的，人的本性是追求享樂、財富、權力等。當最基本的需求滿足之後，人類就開始追求更高的需求了，正是慾望的驅使，使得人類文化從遊牧文化逐步走向城市文化，完成了文化的發展過程。這種變化是根本性的，從人的需求、謀生方式、社會組織、政治組織到精神狀態都發生了全方位的變化，但最主要的還是作為人類文化形式的政治組織，也就是國家的產生。你們想想，國家又是怎麼產生的？」（如圖 4-3 所示）

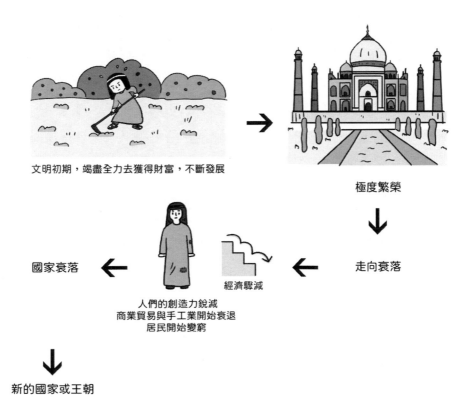

文明初期，竭盡全力去獲得財富，不斷發展

極度繁榮

走向衰落

經濟驟減

國家衰落

人們的創造力銳減
商業貿易與手工業開始衰退
居民開始變窮

新的國家或王朝

圖 4-3　歷史的規律

　　一名同學回答道：「直接從原始社會慢慢發展到文明國家，就像中國。」

　　另一名同學答道：「可能是一個野蠻民族直接征服一個文明的國家，然後融入文明城市中，最後變成了一個文明國家！」

　　「你們倆說的都對，這就是國家產生的兩種不同途徑。但是人類社會進入文明社會以後，又是怎樣發展的呢？」赫勒敦老師停下來，等著同學的回答。

　　「前面湯恩比老師講過，文明都有自己的週期，跟人一樣也有自己的生老病死。」一名同學說道。

「是的，文明也有自己的生命週期。就像人到了 40 歲就會自動停止生長，並且開始衰老一樣，文明發展到一定程度也會衰老，文明的發展也存在一個不可踰越的限度。在文明初期，為了滿足自己的各種慾望，人們都是竭盡全力去獲得財富，這就使得社會持續不斷地發展，最終達到極度的繁榮。之後，文明開始走向衰落，人們的創造力銳減，商業貿易與手工業開始衰退，居民開始變窮，人們的道德標準開始變壞，國家開始走向衰落。」赫勒敦老師補充道。

「老師，中國有句詩『歷覽前賢國與家，成由勤儉破由奢』說的就是這個意思。」一名同學道。

「你們的古人總結得太好了，我就是這個意思。因為奢侈享樂的習慣一旦養成，很難改正，最後慢慢腐蝕掉城市文明，最終使得國家衰亡。舊的國家或王朝滅亡之後，將會產生新的國家或王朝，通常新的王朝誕生也有兩種途徑：一種途徑就是在舊王朝衰弱時，鄰近的國家或原始部落乘機征服，形成新的國家或王朝；另一種就是舊王朝衰落時，各行省的統治者聯合起來建立新的王朝。不過，這些新的王朝和國家也會經歷舊王朝那樣由盛到衰的命運。」赫勒敦老師悠悠地說。

「老師，根據您的觀點，國家或王朝總是從產生到滅亡，一直重複，那麼歷史就這樣循環往復嗎？」一名同學問道。

赫勒敦老師慌忙解釋：「大家不要誤解，我是反對歷史循環論的。雖然一個國家或王朝產生又滅亡了，但是我認為人類文化是一直向前發展的，最終人類文化會發展到一個『理想之城』，在那裡人們將達到完美的人性高度，這是人類的最終目標，只有好的國家和王朝才有可能實現這個目標。」

　　「老師，您這種歷史發展理論彌補了以往歷史觀的缺陷，並且將宗教信仰和理性的探索精神很好地結合起來，形成了自己獨特的、鮮明的理論，這真是一個創舉。您用理性的方法去研究人類文化，是科學的，超前的，要知道西方到了文藝復興後期才開始使用。」一名同學說。

　　「謝謝誇獎！」赫勒敦老師摸摸自己的鬍子，不好意思道，「同學們，你們想過在人類文化演化過程中，到底是什麼在發揮什麼作用？」

　　「地理環境吧！因為人的生存離不開自然，像氣候的冷熱與乾溼，土壤的肥沃與貧瘠，以及食物的類型等會對人的膚色、體質、性格、壽命等產生影響，環境的不同還會影響到各民族的特徵和文明發展程度。」一名同學回答道。

　　赫勒敦老師補充道：「我認為決定人類文化發展的因素可分為兩種，外因和內因。外因就是自然環境，還有上天的神靈，請原諒我在 14 世紀提出的神靈一說，身為一名伊斯蘭教徒，我不否認神靈對人類的影響，但是我認為神靈的作用不是一個必要的因素；內因就是構成人類文化的各個組成部分，像國家或王朝、謀生方式、人的慾望與追求目標、人的精神等。」

　　「我覺得人類文化形成後，促使其不斷變化和發展的主要動因就是『團體精神』，這點我之前提到過。」

　　「老師，人類的慾望和宗教不也促進了人類文化的發展嗎？為什麼它們不是主要動因呢？」一名同學問道。

　　「雖然人的慾望引發了人類的追求，但慾望只是一種潛在的力量，其本身並不能成為某種特定文化現象出現的直接原因，最終還得透過『團體精神』來完成。雖然王朝或國家的誕生、律法統治的實現等有賴於宗教的力量，但是如果沒有『團體精神』，宗教又怎麼能傳播呢？所以，『團體精神』才是人類文化的動因。」

第三節　經濟對人類社會的重要作用

　　「同學們，人類歷史是有規律可循的，各個歷史事件也是由因果關係相互連接的，一些社會現象不過是歷史規律的反映。在尋求歷史規律的過程中，我發現經濟有著重要的作用，是影響人類社會文明、國家和城市興衰的一個重要因素。下面我們來討論一下經濟對人類社會的重要作用。」赫勒敦老師望著下面的同學說道。

　　「同學們，你們分析一下經濟與文明是什麼關係。」

　　「老師，前面您說過人類文明是人類因為生存需求而結合在一起才產生的，也就是說，人類只有組成社會或團體，然後相互合作才能獲得生活必需品，從而才產生了文明，所以我們可以說，是物質的生產才導致文明的產生。」眼鏡哥回答道。

　　赫勒敦老師道：「是的，前面我們說過，一個人的生存能力是有限的，是無法滿足生活所需的，所以要結合在一起，組成群體，形成社會，進而產生文明。這種結合是以生產勞動為基礎的，所以說物質的生產導致了人類文明的產生，也就是說文明的產生是有其經濟根源的。」

　　「老師，好像在您的時代大家認為是真主創造了人類，流行的觀點是文明起源於宗教，您這文明起源的經濟觀跟他們截然相反啊。我很佩服您能在那時就總結出這樣先進、科學的觀點，並且有勇氣提出來！」眼鏡妹羨慕道。

　　雖然赫勒敦老師努力壓制著自己的興奮，但大家還是從他輕快的語氣中聽出了他的快樂，看來沒有誰不喜歡被稱讚啊。

　　「為什麼說經濟因素影響人類文明呢？我們來看看在富裕和飢餓兩種情況下文明有何不同。」赫勒敦老師清清嗓子接著說。（如圖 4-4 所示）

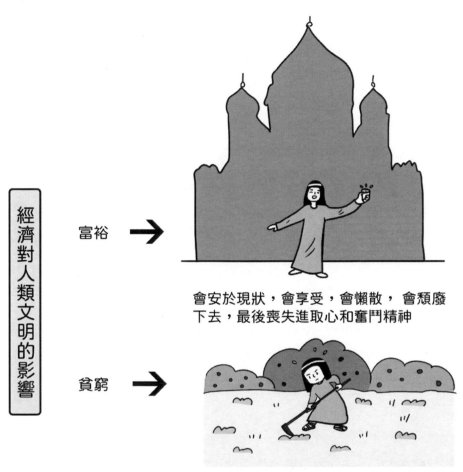

圖 4-4　經濟對人類文明的影響

　　「富裕的時候，因為沒有生活壓力，人會安於現狀，會享受，會懶散，會頹廢下去，最後喪失進取心和奮鬥精神；而在貧窮的時候，因為被生活所迫，不得不努力奮鬥、積極進取，形成了勇於拚搏、勇於反抗的精神。這樣截然不同的兩種經濟狀況，直接影響了人的身體與道德，從而間接影響了人類的整個文明，於是文明自然而然就呈現了兩種完全不同的面貌。」

李彤想起之前看過的一篇文章，大意就是中國的經濟之所以快速發展，主要就是因為中國人現在還窮。當時沒能理解，但是聽了赫勒敦老師的講解後，李彤豁然開朗。轉念又想，其實很多時候人也有這樣的情況，一份工作如果已經做熟練了，沒有挑戰了，就會鬆懈下來，以後很難再進步，於是事業也就進入瓶頸期。如果再不及時反省，那麼以後也就不會再有什麼成就了。李彤告誡自己，以後一定不要陷入這樣的境地，慶幸自己來學了歷史學，可以透過前人的血淚教訓來警告自己。

　　正當李彤神遊萬里的時候，赫勒敦老師又道：「當然了，人口數量也跟文明的發展有著密切的關係，人口眾多，需要的東西就多，這樣就會促進技藝和工業的快速發展，從而推動經濟的全面發展。經濟的快速發展，又促進了文明的繁榮，使得文明發展到一個更高的水準。」

　　「老師，您的理論跟我們現在所說的『人口紅利』很像：人多，勞動力多，消費也多，就會促進經濟發展。中國之前還是實行計劃生育的，但現在已經開放二胎政策了，看來主要就是因為人口與經濟的關係了。」一名同學說道。

　　「看來你們已經了解到人口的重要性了！」赫勒敦老師笑道，「真羨慕現代的生活！因為受我當時所生活的國家和所處時代的局限，我只能把文明分為遊牧文明和定居文明兩個發展階段。我覺得遊牧文明先於定居文明，當時遊牧生活還處在獲取生活必需品的階段，而定居生活除了獲得必需品，還需要生活奢侈品，所以遊牧人羨慕定居人。後來兩種文明開始接觸，促進了社會生產力的發展和社會分工的出現，於是各種技藝隨之產生，最後遊牧文明發展成了定居文明。由此可見，經濟是文明發展和進化的根本動力。」

「我們分析完經濟與文明的關係後，再來看看經濟與國家興亡又有什麼關係。」赫勒敦老師接著說。

「根據我的總結，我認為國家和人一樣都有自己的壽命。」

「老師，您的結論經過幾千年的檢驗是完全正確的！」一名同學大聲說道。

「哦！另外，我認為一個國家從興造成衰亡大概會經歷三代人，同學們根據自己的知識思考一下，第一代人會是什麼樣的呢？」赫勒敦老師問道。

「創業者！因為現在想創業的太多了！」一名同學笑道，他想老師肯定不知道他說的創業者其實只是指公司創業者而已。

「是的，第一代人是創業者，這一時期也是開始創立國家的時期。在這段時期，全國從上到下都保持艱苦創業的精神和強大的凝聚力，這時也是國家最團結和統一的時期。這一時期為經濟的發展和軍事的擴展打下了堅實的基礎。」赫勒敦老師解釋道。

「這樣發展到第二代人，也就是守成者。這段時間也是鞏固政權、平穩發展的階段，又會有什麼變化呢？」赫勒敦老師扶了一下自己的頭巾問道。

「因為沒有戰爭，人口會增加，經濟會繁榮起來，於是腐敗就會盛行！」一名同學答道。

「這位同學總結得很好。是的，在這一階段，國王開始大權獨攬，徵稅斂財，大興土木，大家的凝聚力開始下降，在一片繁榮昌盛中危機也隨之產生。然後來到第三代，也就是亡國者。這一代人開始不思進取，整日享樂，把先輩的美德和雄心拋到腦後，整日沉溺於奢侈腐化的生活之中，最後導致國力大衰，國家走向滅亡。」赫勒敦老師總結道。

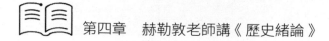

　　「老師，您的意思就是當經濟高度繁榮的時候，政治就會腐敗，人的道德也會淪喪，去追求奢侈腐化的生活，於是經濟就開始下滑，國家就開始滅亡。但是，從現在一些國家的情況來看，比如美國，這一規律好像失效了，這是為什麼呢？」眼鏡哥不解道。

　　赫勒敦老師沉聲道：「同學們，沒有一個理論會適用於所有的時代，我的理論太陳舊了，很多已經不適合現代社會了，這需要你們自己透過分析思考，提出新的理論去解釋當前的情況。」

第五章
盧奇安老師講《論撰史》

本章透過 4 個小節介紹了盧奇安的《論撰史》，主要介紹了歷史學的本質，史料的收集與處理，完美的歷史學家應該是什麼樣的，歷史的一些寫作技巧，揭示了歷史學所具有的真實性本質特徵，認為歷史學也需要敘述之美。

盧奇安

（約西元 120 至 180 年，另一說約西元 125 至 192 年），希臘裔羅馬人，亦稱琉善或盧基阿努斯，古希臘語諷刺散文作家、修辭學家、哲學家、無神論者。恩格斯稱他為「古希臘羅馬時代的伏爾泰，對任何一種宗教迷信都一律持懷疑態度」。

他出生於羅馬帝國統治下的敘利亞一個貧苦家庭，遍游小亞細亞、希臘、義大利等地，曾任律師、修辭教師、官吏。他保存下來的署名著作有 84 篇，不過其中不乏偽作，內容涉及文學藝術、哲學、修辭學、宗教等。

《論撰史》是一篇史學理論專論，可以說是西方史學史上第一篇史學理論專論。

第一節　史學家為什麼要如實敘述？

深知自己處在「飢餓」狀態的李彤，每天除了努力工作，還在努力增強自己的能力，她希望透過自己的努力，從「飢餓」狀態過度到「富裕」狀態。所以，每一次採訪，每一篇稿件，她都力求完美。

一次採訪某個校園暴力事件後，她非常氣憤，當晚奮筆疾書完成了稿件，因為自己小時候也經歷過類似事件，所以寫起來非常流暢。

第二天，她信心滿滿地將稿子交給劉記，心想這次劉記肯定挑不出來毛病了吧。結果萬萬沒想到，她又被批評了。

「這次是為什麼？」她不甘心地問。

「因為這篇稿子帶有太多自己的情緒！」劉記冷冷地說。

「為什麼不能帶有作者的情緒？」

「因為帶有情緒後，你不自覺地就會失去公正。你看，這裡你對受害人的受害程度描寫明顯誇大化了，而這裡，你對施暴者的描述明顯淡化了。所以，冷靜一下，重寫！」

週六上課的時候李彤又想到了這件事，頓時鬱悶不已，在心裡默默喊道：「去你的真實！」

正當李彤抱怨的時候，忽然聽到有人在耳邊說：「歷史只有一個目的，那就是實用，而實用只有一個根源，那就是真實，所以史學家的首要任務是如實敘述。」

「誰在胡說？」李彤不禁大聲問道。

「是我！我是提倡寫真實歷史的盧奇安！」

順著聲音，李彤看到一位戴帽子的老頭正站在法庭上，微笑地看著自己。李彤這才了解到現在正在課堂上，於是急忙要解釋，盧奇安老師對她搖了搖頭道：「可能大家對我的觀點會有異議，我歡迎大家一起來辯論。現在我們就來談談歷史學家為什麼要如實敘述。」

「我發現很多歷史學家對史料根本不加調查研究，不去追究這些史料是否正確，就用大篇幅去歌頌帝王將相。就像對於敵我雙方戰爭的描寫，不少歷史學家對敵方是恣意貶低，對我方則是極力誇讚，這樣將歷史與頌詞混為一談的人怎麼能寫出流芳百世的好歷史呢？頌詞是為了讓被歌頌者滿意，不惜言過其實。但是歷史是什麼？歷史是唯恐混淆是非歪曲的真相啊。如果將歷史比喻為氣管的話，那麼氣管是不能容忍一丁點食物殘渣的！」

盧奇安老師的話，讓李彤想到過去有一些特別有名的歷史學家，為了迎合當時領導人的喜好，罔顧歷史貶低杜甫，抬高李白；還有一些特別奇

葩的抗日神劇，簡直把敵人寫成了弱智。她不禁連連點頭，感覺有時候確實有這樣的情況發生。

「老師，我們可不可以換一個角度，研究那些人為什麼要歪曲歷史，他們的心態又是什麼樣的，他們是出於什麼心理要這樣做的。」一名同學問道。

「這個提議很好，這也是歷史的一方面嘛！」盧奇安老師贊同道。

另一名同學接著問道：「老師，您剛才的意思就是歷史不能有歌頌嗎？」

盧奇安老師道：「當然不是，歷史當然也可以有歌頌，不過歌頌要把握一個恰當的度，要安於本分，不能太過，不能讓讀者討厭。另外，歷史學家在歌頌的時候要想到後世的讀者。」

「為什麼要想到後世的讀者？難道是怕後人恥笑嗎？」一名同學問道。

「我想問問大家，你們覺得歷史的目的是什麼？」盧奇安老師問。

「讓現在的人了解過去，吸取教訓，為未來行事做個參考！」一名同學答。（如圖 5-1 所示）

「是的，寫歷史的目的只有一個，就是我最開始強調的 —— 實用。史家的作品應該是留給後代的財產，能讓他們從過去中吸取經驗教訓，所以史學家要將信史留給後代。歷史必須是真實的，至於美不美，倒是無關緊要。」盧奇安老師道。

「如果歷史只是誇誇其談，那麼連欣賞的價值也沒有了，如果再浮誇地去歌功頌德，那更加讓人反感。」

「但是，也有人喜歡讀這樣的歷史啊！」一名同學爭辯道，「我們社會現在就流行這樣浮誇的歷史，有時都不知道自己到底還要不要堅持寫實！」

圖 5-1　表現歷史為什麼要真實

「每個時代都一樣，都會有不同的讀者，那些浮誇的歷史當然也會有一些庸俗的讀者去喜歡，但是一些有判斷力的讀者是不屑看的，對於那些眼睛裡容不下沙子的批評家來說更是不齒的，所以我們在編撰歷史的時候，要關注那些批評家的評價，不要只關注一般讀者的評論，即便他們讚不絕口。如果你忽視那些批評家的看法，只沉浸在一般人的讚美中，那麼你的作品將變得不倫不類，最後無法流傳後世。」

一名同學接著說：「通常火爆的東西，火一段時間後很快就消失了，更別說流傳後世了！」

李彤突然想到劉記對自己的批評，那些批評事後證明都非常正確，於是她決定以後要好好聽取劉記的意見，這樣才能不斷進步。想到這裡，對劉記的怨氣減少了很多，不過還是有點不爽。

盧奇安老師接著說：「不知道你們現在的時代拍馬屁的作品還多嗎？我所在的那個時代，拍馬屁的作品非常流行，那些恬不知恥的作者想方設法取悅於被歌頌者，有時奴顏婢膝得令人作嘔，為了歌頌他們不惜虛構謊言，但是這樣的謊言是經不起推敲的，結果可能他們想要的目的也無法實現，這是為什麼呢？」

「如果他想取悅的人是個正直的人，那麼肯定不會喜歡他們的奉承，最後馬屁拍在了馬腿上。我記得曾經一位歷史學家為了拍亞歷山大的馬屁，虛構了一段亞歷山大與波魯斯決戰的故事，並且說亞歷山大單槍匹馬射死了幾頭大象。當他把這段故事讀給亞歷山大聽時，亞歷山大非常氣憤，將其作品拋進了水中，並且對這樣的諂媚小人以後再也不信任了。」眼鏡妹笑道。

「是的，如果被稱頌的人是有才能的人，肯定不喜歡那些虛假的誇獎。但還是有很多愚蠢的歷史學家不明白這一點，他們為了眼前利益，不顧事實隨意編造歷史，他們肯定會被後人唾罵的。」

盧奇安老師接著說：「同學們，歷史跟其他學科不同，真實是它的靈魂。如果失去了真實，那麼也就不能再稱其為歷史了。所以歷史必須要盡它的本分，史學家要如實敘述。」

一名同學不解道：「老師，既然您看得如此透澈，並且自己文筆也好，為什麼您不寫出一部偉大的歷史，讓我們好學習觀摩呢？」

盧奇安老師不好意思道：「因為我自知寫不出一部偉大的歷史著作，所以沒有勇氣動筆，但是肯定有很多人去寫歷史著作，我想我得為歷史做點什麼，於是我決定為那些衝鋒陷陣的勇士出謀劃策，好讓他們寫出偉大的歷史著作留給後人，這樣也算是我為歷史出過一份力了！」

「老師，您想出什麼辦法？說給我們聽聽，讓我們也學習一下吧！」

第二節　完美歷史學家修煉方法

盧奇安老師意味深長地說：「我的辦法其實很簡單，就是告訴他們怎樣才能成為一個完美的歷史學家！」

「老師，您就別賣關子了，快點告訴我們怎樣才能修煉成一個完美的歷史學家。」眼鏡妹焦急地說，一雙大眼睛盛滿了渴望。

「首先，史學家必須具備如實記述歷史的精神。」盧奇安老師特意強調道，「這一點我們前面已經詳細說過了，這裡就不再囉唆了。」

「其次，史學家除了具備一定的政治眼光，還要具備相應的才能。」盧奇安老師補充道，「政治眼光是與生俱來的一種政治天賦，是不可學得的，但才能卻是後天的修養，我們只要勤學苦練，就能習得。」

「老師，政治天賦不是人人都有的嗎？」一名同學問道。

盧奇安老師回答：「是的，所以對於這一方面我無從提供什麼有用的意見，但如果你有這方面的天賦，我就會告訴你怎麼善用資質，成為一名歷史學家。不過我也不敢保證把所有人都訓練成功，我只能給那些既有政治天賦又有文學修養的人指出一條成功的捷徑（不一定就是真正的捷徑），讓他們少花些時間和精力就能成為歷史學家。」

「老師，您的意思就是想要成為歷史學家必須具備政治天賦，還要有文學修養是嗎？」一名同學大聲問道。

盧奇安老師補充道：「是的，我覺得他還要具備洞察力，具備武人氣質，具備軍事經驗等。」（如圖 5-2 所示）

圖 5-2　怎樣才能成為一個完美的歷史學家

　　「老師，您的觀念在您的時代可能非常正確，但是您知道現在的歷史除了戰爭史外，還有多少種類嗎？這些種類根本涉及不到軍事、政治，所以您說的必須具備的那些能力我覺得有些已經過時了。另外對於您說必須要具備政治天賦才能寫歷史，我也無法贊同，因為我覺得您的這個觀點，和您批判的那個提出只有哲學家才能寫歷史的錯誤觀點是一樣的。」眼鏡哥看著盧奇安老師大聲說道。

　　盧奇安老師盯著眼鏡哥，眼鏡哥也不甘示弱地盯著盧奇安老師，突然盧奇安老師大笑起來，笑得大家有些莫名其妙。

　　盧奇安老師邊笑邊點頭道：「同學們，我非常高興有人敢質疑我的話，這說明他是一個有獨立精神的人，是一個無所畏懼的人，他有自己的主見，勇於質疑自己不認同的觀點，這點正是優秀史學家需要具備的。」

　　「我的觀點到現在都已經快兩千年了，怎麼可能不過時？對於前人的觀點，即使他的名氣再大，你們在學習的時候也要學會質疑，不能因為我們是名人就輕易贊同。」盧奇安老師慈愛地看著大家，叮囑道。

　　「如果史學家沒有這樣的勇氣，那麼面對強權，面對各種誘惑，怎麼還能如實敘述呢？一個優秀的史學家絕不能卑躬屈膝，也不能貪圖享受。有時他可能懷有個人的恩怨，但是他能明辨是非曲直，不因私仇而歪曲歷史，他可能有自己偏愛的人，但是面對他們的過失，他能如實記錄；當他開始書寫歷史時，真理是他唯一膜拜的，他唯一堅持的原則就是：絕不考慮今日的聽眾，心裡想的只有未來的讀者。」盧奇安老師說到這裡情緒有些激動。（如圖 5-3 所示）

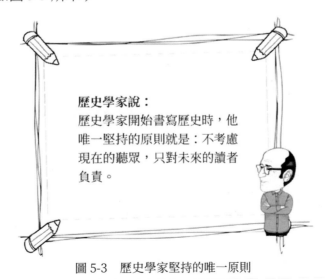

歷史學家說：
歷史學家開始書寫歷史時，他唯一堅持的原則就是：不考慮現在的聽眾，只對未來的讀者負責。

圖 5-3　歷史學家堅持的唯一原則

「老師，我覺得您所說的歷史學家就像一個是非分明、清廉正直、大公無私的判官，和包青天一樣呢！」一名同學笑著說道。

盧奇安老師回道：「完美的歷史學家就應該是一個審判者，在他的眼裡沒有帝王將相，他用自己手裡的筆如實記錄他們的事跡，即便有些事是那些當權者想極力隱瞞的。」

「古代的史學家司馬遷就是這樣一個人，他比老師您還早兩三百年呢，他的《史記》一直到現在還為我們所敬仰。」一同學接道。

「好想見見這位完美的史學家！這恰恰也驗證了我的觀點，那就是只有真實的歷史才能流芳百世，不是嗎？」盧奇安老師反問道。

「同學們，想要如實去書寫歷史，記得在收集資料時不能粗心大意，要謹慎調查，反覆求證，只有這樣才能保證史料的真實度。如果有條件，最好還是目睹那些事件的發生，如果做不到這點，需要採用口述史料，要選擇那些經過公證的報告，對於那些有誇大或貶抑的口證，要注意取捨，要用自己的判斷去衡量其中的種種可能。」盧奇安老師繼續交代。

「很可笑的是，有些歷史學家全憑想像去書寫歷史，裡面的地點跟實際相差得不是幾里而是若干天的路啊，有些從來沒見過甚至沒聽過敘利亞人，就敢胡亂編寫一氣。更有甚者發誓說自己的歷史故事，是從一個親身經歷的人那裡聽到的，但根本就不是那麼一回事，裡面的故事荒唐得讓我都笑出眼淚了，這樣的歷史學家寫的歷史能算是歷史嗎？」

「老師，您說的我們這個時代也很多，我覺得他們說的就是一個虛構的故事，但最可惡的就是他們非要打著歷史的旗號！」一同學說道。

「是啊，看來這些所謂的『歷史學家』什麼時代都有。」盧奇安老師無奈地說，「但是完美的歷史學家頭腦中一定要有一面明鏡，這明鏡清光如洗，纖塵不染，所照見的人和事與實際完全一樣，這樣的史學家才能撰寫

歷史。史學家的任務就是把現成的事實加以整理，用文字記錄下來。他不需要虛構他所敘述的事情，只需要考慮使用什麼樣的敘述方法和技巧。」

「老師，那歷史寫作應該用什麼樣的敘述方法和技巧呢？」

第三節　歷史的寫作技巧

盧奇安老師看著眼前一群求知若渴的年輕學子，問道：「同學們，你們發現了嗎？其實歷史學家跟雕刻家很像。那些雕刻家不需要創造雕刻所用的金銀象牙等材料，因為那些材料都是現成的，他們只需要將這些材料雕刻成各種圖像，然後打磨，去除塵垢，鑲上象牙，貼上金飾就行了，他們的藝術體現在對材料處理的技巧上。」（如圖 5-4 所示）

歷史學家的藝術體現在讓讀者有身歷其境的感覺，並獲得一些教訓；雕塑家的藝術體現在對材料處理的技巧上。

歷史學家
將那些錯綜複雜的真實事件條理化

雕塑家
將材料打磨，去除塵垢，鑲上象牙，貼上金飾

圖 5-4　歷史學家 VS 雕塑家

「而歷史學家的藝術，就是將那些錯綜複雜的真實事件條理化，並讓它們呈現出秩序的美感，然後流暢地將它們記載下來。經過史學家的改造，如果能讓讀者有身臨其境的感覺，並獲得一些教訓，那麼歷史學家的『雕像』就算是一件完美的作品。」

盧奇安老師接著說：「就像雕塑家在雕塑之前準備材料一樣，歷史學家在寫作之前也需要準備史料。當所有的資料都準備好後，歷史學家就可以動筆了。如果歷史學家覺得沒有必要用序言來交代一些問題，那麼他可以直接陳述史實；如果覺得有必要將歷史大事的來龍去脈說明白，那麼他也可以『以事代序』。如果覺得有必要寫序言，那就加上正式的序言。」

「同學們，如果你們要為一本歷史著作寫序言，你們覺得應該注意什麼？」盧奇安老師問道。

「應該吸引讀者的注意力，告訴他們這件事非常重要，重要到跟國家的命運、個人的事業或前途相關。」一名同學回答道。

「我覺得作者應該在序言中將歷史大事做個簡單明瞭的闡述，讓讀者虛心聽取。」另一名同學補充道。

盧奇安老師點頭道：「對的，像這類序言一些完美的歷史學家曾經使用過，比如希羅多德的序言是：『我希望這段歷史不會隨著時光的流逝而淹沒，因為在這驚人的事件背後，隱藏著希臘人勝利和蠻族戰敗的祕密。』」

「這樣的序言長短不一，根據主題的不同性質而定，序言之後就轉入記事，因為這種歷史其實就是一篇長長的記事文。我們知道記事文的優點就是敘述流暢、首尾呼應、平鋪直敘。所以寫這類歷史的時候，除了注意行文的措辭，還要保證敘事的連貫性，雖然每一部分都自成一體，但是一件事敘述完之後必須引入另一件事，這樣環環相扣，彼此不可分離，最後

構成一個整體。」盧奇安老師補充道。

眼鏡妹問道：「老師，如果情節簡單還好處理，但是如果內容豐富的話，該怎麼處理呢？」

盧奇安老師回答道：「記住，任何時候都需要文筆簡潔，尤其是內容豐富的時候。除此之外，對一些不重要的細節要一筆帶過，但是對於主要的事件則要詳細描寫。這就好比一場盛宴，有了美酒佳餚、山珍海味時，就不要再把廚房殘留的鹹菜豆羹也端出來了，這些瑣事都可以忽略掉。」

「這一點同樣也適用於我啊！」李彤心想，因為有時一個採訪會涉及很多人，對於這些人的採訪到底該怎麼處理，讓她很頭疼。下次就知道了，要根據自己的主線來取捨，不能把所有人的資料都羅列上去，這樣就沒有重點了，到時讀者就不知道自己要表達的是什麼了。

盧奇安老師問道：「有的歷史學家把序言寫得燦爛輝煌，長篇累牘，讓你產生將要看到偉大著作的錯覺，結果呢？你看到的『歷史』只是短得可憐的附錄。怎麼說呢？就像一個戴著巨人面具的小娃娃。這樣的寫法是不行的，為什麼呢？」

「這個跟我們所說的頭重腳輕有點像，比例失調，就像有些人上半身太長，腿特別短，所以看起來體形不是很美一樣。」一名同學答道。

「是的，寫作時要注意文章的結構必須安排得當，身首相稱、輕重分明才行，否則就會失調。這就好比頭上戴著金盔甲，身上卻穿著破爛的胸甲，腿上纏著破爛的豬皮護脛一樣滑稽可笑。」盧奇安老師解釋道。

「老師，有不少歷史作品前面講得很好，但後面就『爛尾』了；還有些整個就是沒頭沒腦一大堆事件的堆積；有些前後相互矛盾；還有的乾脆把所有事情都攪和在一起，看完了你也不知道他說的到底是什麼。看完這樣的作品，整個人都不好了。」一個同學抱怨道。

「所以，在歷史寫作時也要注意寫作技巧呢。同樣的素材，有些人能寫出非常好的作品，但有些人寫得卻讓人難以讀下去，除了遣詞造句主要就是寫作技巧的事。」盧奇安老師笑道。

「同學們，寫作時還要注意選材的問題。有些歷史著作對一些瑣碎無聊的事情大寫特寫，但對於那些不能遺忘的大事卻草草了事，這樣的寫法也是不可取的。我曾經見過一個歷史學家，用不到七行文字就將歐羅巴斯戰爭寫完了，但是卻用幾十頁的篇幅去描寫一件毫不相干的無聊小事，好像如果不將這些廢話記錄下來，我們就對歷史無從了解一樣。」

一名同學忙問道：「老師，寫歷史時到底要不要描寫一些地理環境呢？這樣的描寫算小事嗎？」

「這個要根據需求來說，如果跟你敘述的事件有關係，那麼必要的描寫還是要有的，就像希羅多德，他認為地理環境也是一個重要的因素，所以他描寫的就多。但是在描寫山河城堡時，不要誇誇其談，不要忘了你主要的任務是記述歷史的發展，這點修昔底德做得非常好。他惜墨如金，對於有用的環境一點即過，然後馬上轉入下文，但是對於主題需要的，他會詳細去描寫。」盧奇安老師答道。

「有一些歷史學家因為沒有掌握書寫歷史的技巧，於是對一些自然風光，還有花鳥蟲魚等寫得繪聲繪色，結果遇到重要事件時，就像一夜暴富的人不知道怎樣去花那麼一大筆錢財一樣。」

「老師，我們該用什麼樣的風格來書寫歷史著作呢？」眼鏡妹問道。

盧奇安老師回答：「既然我們認為歷史應該真實可信，那麼歷史的寫作風格也應該爭取平易流暢，最好用婦孺皆知的詞語，避免那些深奧的詞句，最好能做到雅俗共賞。」

「那怎樣才能寫出雅俗共賞的歷史呢？」眼鏡妹繼續追問。

第四節　歷史敘述的美感

「想要寫出雅俗共賞的歷史著作，那就要注意歷史敘述的美感。」盧奇安老師緩緩道，「這其中又包括文字的『表述之美』，敘事的『真實之美』，史書布局的『勻稱之美』，以及選材的『準確之美』。」

「老師，我記得您在前面說過歷史必須真實，至於美不美的倒無關緊要，但是您現在為什麼又強調歷史敘述的美感呢？」一名同學問道。

盧奇安老師反問道：「我們穿衣的目的是取暖，但是如果在保證這些的基礎上，又美觀，又舒適，這樣的衣服你難道不會更喜歡嗎？」

「肯定更喜歡這樣的衣服啊！」剛才提問的同學答道。

「『愛美之心人皆有之』，我們都喜歡那些美的東西，如果歷史著作在保證真實的基礎上，還有美感，那樣才會有更多的人喜歡，也會流傳得更久遠。」盧奇安老師說道。

「說起歷史敘述的美感，我們前面說過文字的美感，就是所用的語言要平易流暢、雅而不濫，這樣的文章才優美，才能讓更多的人喜愛。」盧奇安老師接著道。

「一個作者在序言中這樣寫：『皇天在上，我發誓這些都是真實的，你可以相信我的記載。』這樣的描寫多麼可笑，一上來就讓神助他一臂之力。還有一個作者是這樣書寫序言的：『帕提亞，槍兵第六排軍醫卡利謨夫斯著。』用這樣平凡的文筆寫了一本歷史大事件的流水帳，這樣的歷史著作枯燥乏味得讓人難以讀下去。」

盧奇安老師又道：「還有一位喜歡舞文弄墨的作者，在『弩石發兮山崩地裂』『怒濤吼兮電閃雷鳴』這樣古樸大氣的歷史著作中穿插著『他們洗了個澡，穿得漂漂亮亮的』這樣平凡的語句，這種感覺就像一個演員一

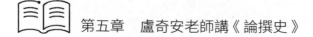
隻腳穿著悲劇的高底靴，另一隻腳卻穿著喜劇的破拖鞋一樣滑稽可笑。」
（如圖 5-5 所示）

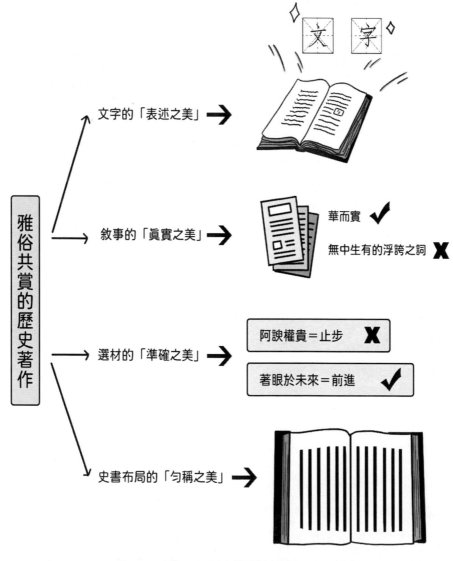

圖 5-5　歷史敘述的美感

「老師，這就跟我們現在有的作家一樣，本來寫的都是古代的內容，突然冒出很現代的語言，讓人感覺很搞笑。」一同學說道。

「原來這樣奇奇怪怪的作者哪兒都有。還有一位熱愛純粹阿提刻語的作者，他幾乎將語言淨化到潔白無瑕的地步，他不分青紅皂白將所有的拉丁名字改成了希臘名字，並且在講到塞弗裡安之死時，他說其他人寫的自刎不對，應該是絕食自殺，因為這種自殺方式是最不痛苦的方法，不過他說塞弗裡安三天就餓死了，這樣胡說八道的寫法讓人很難忍受，這樣的作品讀起來又有什麼美感呢？所以你們在寫歷史的時候，一定要注意遣詞造句。雖然表達的是同樣的意思，但是換一種說法就會不同。」

對於語言的用法李彤深有體會，因為有時同樣的意思被劉記改過之後，整篇文章給人的感覺就提升不少，看來以後對於語言文字的用法還得多加練習啊。

盧奇安老師接著說：「有些作者為了讓自己超越修昔底德，把城市、山川、河流等描寫得簡直細如毛髮，整部作品裡寫了若多次皇帝的盾，盾心刻畫的是什麼，盾帶是什麼，盾邊又是什麼，等等，幾乎每一件東西都用了上千行，唉，這樣冷淡無味的描寫估計北國的冰都比它暖和一些吧。」

「歷史是要對重大事件進行描寫的，對這些瑣事，如果沒什麼作用根本不用去寫，他這樣捨本逐末的做法讓歷史失去了趣味。」盧奇安老師接著說。

「當然也有矯枉過正的作者，他們為了追求歷史敘述的美感，將歷史寫成了詩歌，但是卻忘了詩歌與歷史在本質上是不同的。詩是自由的，詩歌是詩人的想像，詩人憑藉靈感去創作。而歷史是真實的，是不能虛構的。詩人可以讓宙斯用一根繩子將大地和海洋吊起，不用擔心繩索會斷，

但是歷史不能這樣寫。如果歷史也使用這種寫法，那就成了無翼的詩，最後歷史將喪失崇高的格調，露出偽裝的真相。歷史學家一定要區分詩和史的不同，不要用錯了方法。」

盧奇安老師繼續道：「對於歷史敘述的真實性，前面我已經說了很多，這裡只舉一個例子再次強調一下。有一個作家從未踏出科林斯境外一步，但是他卻在自己的歷史作品中寫道：『只有目睹的才可信，所以我的記載都是我目睹的，而不是我耳聞的。』然後他開始描寫帕提亞的『龍』，他說他親眼看到帕提亞人把龍綁在大木柱上，然後將其高高掛起，使得敵人望『龍』喪膽。等戰爭開始後，他們便用龍來攻擊敵人，敵人都被龍吞食或者被龍壓死，他則是因為當時躲在一個安全的地方觀察，才躲過一劫。對於這種連各種武器都分辨不出，將前鋒和側翼混為一談，對軍隊和策略名字一無所知的人，其歷史敘述的可信度在哪裡？這樣虛構誇張的歷史更別提什麼美感了！」

「老師，您的意思是歷史著作中不能加入虛構和想像嗎？」一名同學問道。

「當然不是，不過要有一個前提，那就是不能違背『華而實』這個真實之美的原則。但是很多歷史學家忽略了這種真實之美，捨本求末，最後寫了一堆無中生有的浮誇之詞，使得作品失去了美感。」盧奇安老師痛心疾首地說。

「同學們，你們聽說過大建築家克尼多斯的故事嗎？他建了一座美麗絕倫的巨大燈塔，這座燈塔高高聳立在那裡，為過往的船隻指明方向。燈塔建成之後，他把自己的名字刻在石碑上，但是卻用石膏蓋住了，然後再在石膏外面刻上了當朝君主的名字。你們猜他為什麼要這樣做呢？」盧奇安老師滿懷期待地看著大家。

「因為隨著時間的流逝，石膏和外面的刻文肯定會脫落，到時就會露出他自己的名字，然後他就會被後人記住。」眼鏡哥回答道。

「是的，因為克尼多斯根本沒有關注當時當地的現在，而是著眼於千年之後的今日。只要這座燈塔還在，那麼他的藝術就永垂不朽！所以你們以後如果立志當歷史學家，我希望你們撰史的時候也要想著只追求真理，而不阿諛權貴，同時著眼於未來，多想未來的世代，而不是當前君主的恩寵。」

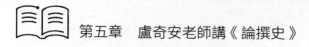

第六章
塔西佗老師講《編年史》

本章透過 4 個小節介紹了塔西佗的《編年史》，主要介紹了寫《編年史》的原因和目的，古羅馬時期歷史學家失真的真正原因，提出了如何避免這一問題，還介紹了塔西佗寫歷史的獨特手法。

普布利烏斯·科爾涅裡烏斯·塔西佗

　　（Publius Cornelius Tacitus，約西元 55 至 120 年），古羅馬執政官、雄辯家、元老院元老、歷史學家與文體家。

　　塔西佗出生於羅馬一個行省的騎士家庭，先後擔任過財務官、大法官、執政官、行省總督等要職。他的著作主要有《日耳曼尼亞志》、《歷史》和《編年史》。西元 1 世紀的羅馬史主要靠塔西佗的作品才得以流傳下來，這兩部作品連在一起構成了一部從提比略到圖密善時期（西元 14 至 96 年）羅馬帝國的歷史，是歷代史學家研究羅馬早期歷史的珍貴資料。

第一節　「懲罰暴君的鞭子」

　　雖然李彤沒有打算成為一個歷史學家，但是她覺得去上歷史學的課對自己幫助很多，不僅對自己的工作有很大幫助，還對自己的人生產生作用。比如，原來自己很困惑一個問題 —— 當面對強權自己到底該怎麼辦，是妥協還是堅持自己的原則？ —— 聽了好幾位大師的講解，尤其是上次盧奇安老師說的要多考慮後世，讓她堅定了自己的決心，那就是堅持自己的原則！

　　因為李彤有時會採訪一些有權有勢的人，對於他們的新聞到底如何寫，原來她一直很迷茫。之前聽過有些前輩為了揭露真相，最後不得不退出新聞行業，有些前輩為了「息事寧人」，最後將自己送進了監獄，所以李彤從入行開始就很糾結，想堅持自己的原則，但又有些害怕。

聽了這麼長時間的課以後，李彤明確了自己的態度，那就是堅持自己的初心，做一個自己從小就嚮往的「正直記者」！

想明白這個問題以後，李彤發現自己的內心輕快了很多，對於一些採訪，她也能輕鬆面對，寫新聞稿的時候再也不用在一些瑣碎問題上浪費時間了。

在焦急的期盼中，李彤終於等到了禮拜六。早早吃完飯後，她就趕到了 A 大。大家像往常一樣聚在一起就一些歷史問題交換看法。戴上頭盔的時候，李彤聽見眼鏡哥和眼鏡妹正因某一問題而爭論不休。

李彤和同學們相繼來到一座金碧輝煌的大殿裡，宮殿很大，四周的圓柱上雕刻著精美的花紋，四壁也有很多美麗的雕像。宮殿的頂是半圓形的，在大殿正中間孤零零地站著一位男子，他的頭髮稍微有點捲，長著典型的鷹鉤鼻。

看到大家，他笑著說：「我如期盼民主共和一樣期盼大家的到來，歡迎你們！我是塔西佗，今天我來為大家講講《編年史》。」

「您就是『懲罰暴君的鞭子』？」李彤驚訝道。因為她昨晚正好看到一段關於他的介紹，當時這個稱號給她留下了深刻印象，她還好奇到底是什麼樣的人能獲此殊榮，原來他長這樣！

「對，是我本人！這個稱號是後人給我的，不過我很喜歡！」塔西佗老師笑道，「因為我認為，歷史最重要的作用就是賞善罰惡，也就是保存人們所建立的功業，並把千秋萬世的唾罵當作對奸言逆行的一種懲戒。」

一名同學笑道：「所以老師您在作品中對那些在羅馬歷史上建功立業的英雄人物極力謳歌，但是對那些實施暴政的帝王和在宮廷中阿諛奉承、奴顏婢膝的佞臣則盡情鞭笞？尤其是對那些專制的帝王，您用自己犀利的

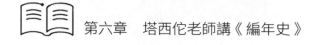

文筆將他們的昏庸殘暴刻畫得淋漓盡致。老師您知道嗎？我讀您的文章看到那些惡人作惡非常生氣，看到那些勇於反抗暴力的人則感覺很欣慰，我從您的書中看到了善與惡！」

「聽你這麼說我很開心，我寫這本書的目的也就達到了！我認為人不是一生下來就能分辨出是非對錯，就能知道什麼是有益的，什麼是有害的，大多時候我們都是透過他人的經驗才知道的。所以，我想把過去的歷史記錄下來，讓人從史書中得到教訓，從而分辨出是與非，美與醜。」塔西佗老師看著大家道。

「老師，千百年來您的名字讓那些專制暴君和獨裁者膽顫心驚，嚇得拿破崙曾經汙蔑您是『人類的誹謗者』，這說明您的著作不僅僅打在羅馬暴君的身上，而且痛到後世一切專制暴君的心裡。您是暴君的仇敵，是熱愛自由人們的朋友，曾經有革命先驅者身陷囹圄，臨死前還在昏暗的監獄裡讀您的著作，您的心和世界上所有追求自由進步人士的心是連在一起的。」一名同學道。（如圖 6-1 所示）

「老師，一般人寫歷史肯定是按照時間的先後順序寫，但是您的《編年史》是在寫完《歷史》之後才寫的，並且聽說當時您寫《歷史》時是非常痛苦的，那為什麼您還要去補寫《歷史》之前的部分呢？」眼鏡妹問道。

「因為寫完《歷史》後，我還是對多米提安的殘暴統治難以釋懷，我想弄明白是什麼原因導致羅馬共和制度過度到帝國，所以我才去補寫了帝國初期的歷史。」塔西佗老師道。

圖 6-1 對塔西佗的評價

「羅馬是從一個城邦開始的，那時採用的是共和制。但是隨著羅馬版圖的不斷擴張，內外事務也變得越來越複雜，以前用來治理一個城邦的體制已經漸漸變得不適應了。因為之前有過非常時期將全部權力集中於獨裁官一人的情況，如蘇拉和凱薩，所以到屋大維時就將這種獨裁統治正式固定下來了。」

一名同學問道：「老師，為什麼羅馬人不去反對呢？從您的作品中可以看出相對於獨裁，人們還是更愛好共和啊？」

「那是因為屋大維從凱薩失敗的獨裁統治中吸取了教訓，沒有明目張膽地成為獨裁者。他透過一系列手段和偽裝，一步步強化了自己的專制制度，披著共和的外衣實際上執行的是獨裁統治，只是當時大多數人都沒有了解到而已。」塔西佗老師抬頭看了看宮殿的圓頂，遺憾地說道。

「當羅馬從共和國發展到帝國，世界局面已經改變，渾厚淳樸的古風消失不見了，政治的平等也隨風而逝，所有人的眼睛都看向皇帝的敕令。」

「老師其實您是非常懷念共和時代的吧？所以你在著作中對共和時代的美德大加讚賞，但是對帝國時代卻極力貶低，尤其是對皇帝的殘暴和醜行。」一名同學道。

「是啊，可惜一切都回不去了！」塔西佗老師嘆道，「雖然我生活在羅馬帝國的盛世，但是在這繁榮的背後卻存在著各種社會矛盾。因為我也是一名『政府高官』，了解到一些『內幕』，看到了君主專制的弊端，所以我反對暴政，鞭笞暴君，希望他們引以為戒。」

第二節　為什麼史學容易失真？

一名同學好奇道：「老師，其實您是懷戀共和討厭帝國的，那您在寫歷史時會不會因為個人喜好和憎惡而『失真』呢？」

塔西佗老師立即回答：「當然不會！我為自己立下了一條原則，那就是下筆的時候要做到心態平和，既不心懷憤恨，也不故意偏袒。事實上我並不熟悉帝國早期的元首，跟他們也沒有任何的恩怨，所以他們根本無法影響到我。雖然我的政治生涯因維斯帕先才開始，並且得到提圖斯的提攜，圖密善也幫了我的忙，但是我從始至終都堅持我的寫史原則，在寫任何人時都會去除自己的愛憎之情。我力求公正地去書寫所有的人，不敢有任何私心，因為我希望自己的著作能帶給後人啟迪。」

「老師，您能有這樣的心態真的是太偉大了！要知道羅馬的歷史是在希臘的影響下才出現的，那時雖然羅馬已經是個大國，但是文化主導權卻把握在被征服者希臘人手裡，所以羅馬早期的歷史都是用希臘語寫的，其目的也是為了向希臘人宣傳羅馬人的威風。」眼鏡哥喘了一口氣接著道。

「後來受到希臘修辭學的影響很大，加上民族的虛榮心及大國主義情懷的影響，漸漸增加了大量虛構和想像的成分，所寫的歷史事件真假難辨，這一時期的歷史根本不能算是真正的歷史。不過這些作品可讀性強，在當時很受歡迎，影響十分廣泛。後人又在這些作品基礎上編寫歷史，其作品的可信度就降低了。在這種情況下，您提出了客觀寫史的原則，並用這樣的原則嚴格要求自己，所以您的歷史代表了羅馬史學發展的最高成就！」

塔西佗老師摸摸自己的鷹鉤鼻，有些不好意思地說：「謝謝你們的認同，不過我也沒有你說的那麼好。其實在這之前，已經有很多史學家提出

了要真實記載以往歷史的經驗和事實，不過他們僅關注實現『歷史真實』的具體方法，比如如何處理直接史料和間接史料等。雖然也有史學家發現史學家本身也會影響歷史的真實性，但他們覺得這主要是史學家個人的知識不足或修養不夠造成的，沒有想到造成歷史『失真』的根本原因不是這些。大家想想，是什麼造成了歷史『失真』？」

「所處的政治環境吧？」一名同學不太肯定地回答，「有時因為環境不允許他們去真實記錄當時的歷史。」

李彤想起之前有一篇帶有個人情感的稿子被劉記批的事情，於是說道：「寫作者個人的喜好。」

「對，政治環境也有一部分原因，但不是根本原因，歷史之所以『失真』其根本原因就是史學家的主觀感情。我親身體驗到了思想專政的恐怖，也親眼看到有些史學家丟掉了自己的坦率和真誠，開始沒有廉恥地誇讚當朝元首，或胡亂地貶低當朝元首，那時我知道真正的歷史學家消失了。」塔西佗老師痛苦地說。（如圖 6-2 所示）

「他們之所以變成這樣，是因為有些歷史學家為了逢迎他的主人而隨意編造歷史，有些歷史學家因為極為痛恨當朝元首和那些諂媚小人，於是忘記了要對後代負責，也隨意編造歷史來表達自己的不滿，這兩種情況都是因為歷史學家的主觀因素造成的。所以我發誓，自己在著書過程中一定要規避這一缺點，要以無忿無偏、十分超然的態度去撰寫歷史，給後世留下一部真實可信的歷史。」

「老師您確實是這樣做的。雖然您反對維提裡烏斯的暴政，對他的暴行有很多描寫，但是對他做得好的地方也會如實描述，比如您記載了他是第一個下令所有軍隊當職人員不許無故早退，並且要對任何事情全權負責的皇帝。他還嚴查軍隊的腐敗。在管理帝國方面，維提里烏斯提拔了很多

沒有顯赫背景的自由民做高級官員，並且還是第一個允許騎士階級參與民事政治管理的皇帝。您很少直接抨擊維提里烏斯的人格，更多的時候只是對他提出批評和褒貶。這跟您同時期的其他歷史學家有很大不同，他們有的或者只有稱讚，或者只有抨擊，但您卻是全面地去描寫，這讓我們對維提裡烏斯的了解更加全面。」博學的眼鏡妹稱讚道。

歷史「失真」的根本原因是史學家的主觀感情

圖 6-2 歷史失真的原因

「暴君也有做得好的地方，對於他們做得好的當然要記錄下來，方便以後的明君學習。」塔西佗老師笑道。

「老師，您說是人的主觀感情影響了史學的真實，並且提倡史學家要拋卻個人愛憎之心客觀地去寫史，並且您也努力這樣去做。對於您的本意我沒有任何懷疑，但是我覺得您的『客觀主義』很難實現，我們很難完全拋開自我去客觀寫史，雖然您想拋棄自己的偏見去客觀寫史，但是您卻用『道德家』的尺度去衡量歷史，這本身就有所偏頗，怎麼能做到客觀呢？其實很多地方您都無意識地表現了自己的偏見。」眼鏡哥說道。

塔西佗老師聳聳肩道：「願聞其詳！」

「比如，您反對羅馬皇帝的專制統治，但是因為您本身就生活在君主政體之中，並且還是一位高官，所以雖然您反對，卻還是盼望一位明君，並且您主張元老院和元首進行調和。您說『即便在專制的元首統治下，也有一些偉大人物出現，如果將溫順服從與奮發有為結合起來，也能聲名顯赫』！」眼鏡哥說道。

「還有，對於那些羅馬帝國的皇帝，您都把他們寫成了暴君，雖然對於他們做得好的地方也有所描寫，但還是有失公允；羅馬的帝制雖然有殘忍的一面，但是不可否認它對社會發展也造成了推動作用。對於這些您都沒有客觀地評價過！」

塔西佗老師微笑道：「對於這位同學的批評我虛心接受。當時我所處的時代世風日下，人心不古，我想透過自己的褒貶來促使大家道德標準的提高，就像你們的孔子編史是為了警世一樣，所以我在編史時主要是從道德教育角度去寫的，難免會有失公允！所以大家讀歷史的時候要學會辨析，勤於思考，總結經驗，為己所用！」

塔西佗老師剛說完，同學們就用熱烈的掌聲表達了自己的稱讚和感

謝。看到大家信任的眼光，塔西佗老師感動地說：「同學們，我發現跟你們一起討論問題很有意思，也有不少收穫，還發現了自己的一些問題，很開心。下面我們一起討論歷史寫作中的一些問題吧！」

第三節　原來歷史也可以運用悲劇手法！

「老師，您的《編年史》堪稱古典史學名著，並且其文學價值可以跟史學價值相媲美了，裡面有很多名言警句，比如『一旦皇帝成為人們憎恨的對象，他所做的好事和壞事都會引起人們對他的厭惡』都已經變成著名的『塔西佗陷阱』了。快跟我們講講，您是怎麼寫出這麼優秀的著作的。」同樣也從事歷史寫作的眼鏡妹急忙問道。

塔西佗老師笑道：「我的作品主要是為了『懲惡揚善』，警示後人，所以在寫作前我就進行了精心的構思，在寫作過程中我沒有拘泥於史學寫作的固有方式。為了表現我想要表達的主題，我借助了演說、戲劇等其他文學體裁的寫作手法。為了給大家留下深刻印象，我大量使用了悲劇的敘事手法。」

「老師，歷史著作也需要構思嗎？」一名同學問道。

「當然了！為了達到教育後人的目的，在寫作的時候肯定要考慮怎麼寫才能讓讀者有興趣，並且讀完對他們產生巨大的影響。為了達到這樣的目的，我運用了很多戲劇的敘事和表現手法，以此來體現人們在帝制下的悲慘命運。並且我還對一些災難性場景進行了細緻描寫，讓讀者產生身臨其境的感覺，從而激發他們的情感，給他們留下深刻印象。」塔西佗老師解釋道。（如圖 6-3 所示）

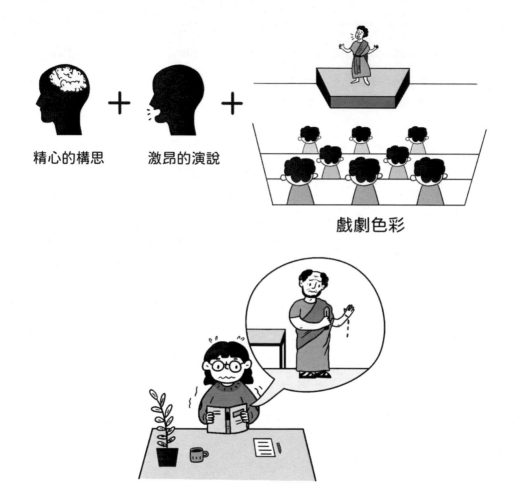

精心的構思 ＋ 激昂的演說 ＋ 戲劇色彩

悲劇手法

圖 6-3　塔西佗的歷史寫作手法

　　「對啊，有時候對某些場景著重描寫，可以借這些來調動讀者的情緒，從而達到自己的寫作目的。」李彤心想，「下次再寫稿時要用這個方法試試！」

　　一名同學問道：「老師，所有的歷史作品都可以運用悲劇的手法嗎？」

　　「不可以！因為悲劇通常模仿人的行為，其範圍很小，但是歷史往往

講述的是宏大的事件，所以只有一部分適合運用悲劇的手法。同學們想想，悲劇和歷史作品在哪些方面有相似之處呢？」塔西佗老師問道。

「情節設定！」一名同學回答道，「通常悲劇是因為內在性格的缺陷導致的，所以個人傳記可以借助這樣的情節設定。此類的作品一般列舉主角的缺陷，比如道德敗壞、喜歡殺戮等，雖然他取得了很多成就，但是最終無法擺脫失敗的命運，產生了悲劇。」

「是的，我認為羅馬帝國的敗落也是因為統治者道德的敗落及人性的缺失，所以我也可以利用戲劇式的敘事結構讓道德和人性的主題得以凸顯。」塔西佗老師道。

「你們說戲劇往往有幾種典型人物呢？」

「老師，你們那時戲劇的典型人物通常就是暴君、正直的官員、陰險狡詐的近臣、惡毒的婦人、狡猾的奴隸等。」一名同學回答道。

「我的作品也有這些角色，不過他們不是虛構的，而是現實中存在的。《編年史》的主線就是各位暴君的命運，所以這部作品肯定少不了暴君這個角色。在第一部分中，我讓提比略扮演了暴君的角色，正直的官員角色是日耳曼尼庫斯，陰險的近臣是賽亞努斯；在第三部分中，尼祿是暴君，塞內加是正直的官員，尼祿的母親是惡毒的婦人。人物角色雖然相同，但是他們的實質卻不相同，各有各的特點。」塔西佗老師道。

「比如《編年史》中提比略的殘暴就和尼祿不同，提比略看起來風光無限，他既是奧古斯都的養子，又是皇帝的乘龍快婿，最後還繼承了王位，他的命運看起來一帆風順，但風光背後是悲慘的生活。他的母親將他視為政治工具，奧古斯都逼他與自己的原配夫人離婚，然後娶其女兒朱麗亞，而朱麗亞不僅放蕩還看不起提比略。這些都造成他性格上的缺陷，從而導致了其政治上的殘暴，最後造成了悲慘的結局。」

塔西佗老師接著說：「雖然每個皇帝的命運都是獨特的、個別的，每位皇帝任職期間所發生的事及人都是不同的，但是透過我精心的組織安排，他們的命運都是相似的、不斷重複的，裡面的四個皇帝最後都不得善終，比如：提比略被悶死，卡利古拉被刺死，克勞迪被毒死，尼祿被逼自殺。」

「老師，您借助悲劇的手法，將個別事物串聯起來，變成普遍規律，並將這規律呈現在讀者面前，從而讓讀者產生反思。讀者透過您的講述，最終明白是帝制讓人對權力產生渴望，這種渴望扭曲了人心，從而導致政治上的腐敗，最後讓人民和皇帝都被悲慘的命運所控制，無法擺脫。只要帝制存在，這種悲劇就會一直上演。您透過這種悲劇式的敘述方式和結構安排，實現了自己的說教目的。」一名同學總結道。

塔西佗老師道：「透過悲劇手法，一方面凸顯了帝制下人們悲慘命運的必然性，一方面透過悲劇的渲染加深讀者的印象。」

「所以老師您在《編年史》中有很多暴力和死亡的描寫？」一同學問道。

「是的。」塔西佗老師回答，「比如我詳細描寫了克勞迪被毒死及尼祿將阿格里皮納殺死等場景。不知道你們發現沒有，《編年史》很多都是以人物死亡場景作為結尾的，這是典型的悲劇式寫作手法。」

「老師，有人形容您這就好像『悲劇的落幕』一樣。」一名同學補充道。

另一名同學問道：「老師，您為什麼要這樣做呢？」

「這可以喚起讀者的恐懼和憐憫之心，和悲劇所追求的表達效果是一樣的。透過這種悲劇手法，能讓讀者深刻意識到，在殘暴帝制的統治下，任何有道德和有權力的人都不能擺脫悲慘的命運，這就是帝制的必然！」

「老師，要達到悲劇的效果，除了手法外，還需要文字的精準表達，您是怎樣讓文字準確表達出您的感情呢？」眼鏡妹問道。

第四節　怎樣用文字去表達自己的感情？

聽到眼鏡妹的這個問題，李彤立刻興奮起來，這也是她想問的，她目前正好有這方面的困擾。因為她對目前社會上有些風氣很不滿，想用文章去表達，只是每次寫出來的文章都還有所欠缺，好像還達不到喚醒人心的境界。到底要怎樣寫才能寫出讓人心靈顫抖的文章呢？

塔西佗老師道：「為了讓讀者產生恐懼，我對人物的死亡描寫得極為細緻。比如塞內加的死亡，我是這樣描寫的：『說了這些話以後，他們各自在自己的血管上切了一刀。不過由於塞內加已經上了年紀，長年簡樸的生活讓他的面容更加憔悴，所以他的血流得非常慢，他只得又切斷了腿部後面的血管。』『即便這樣塞內加也沒有馬上死去，所以他只得請求他最信任的老朋友 —— 斯塔提烏斯‧安奈烏斯，也是一位能幹的醫生將毒藥給他。這毒藥很久以前就已經準備好了。』『毒藥拿來之後，塞內加便一口吞了下去，但沒產生什麼作用，因為他的四肢已經冷卻，他的身體已經無法感受到毒藥的作用了。最後沒辦法，他只得又把自己泡進一盆熱水裡面，將盆裡的一些水灑在身旁那些奴隸身上，並說這是向解放者朱庇特所行的灌奠之禮。之後他被抬去洗蒸氣浴，最後在那裡才窒息致死。』從這樣細緻的描寫中，你們感受到了什麼？」（如圖 6-4 所示）

圖 6-4　怎樣用文字表達感情

「我感覺好恐怖。本來割腕自殺就很痛，結果一次、兩次都沒成功，要是我肯定不敢再嘗試了，因為太痛苦了。」一名同學說。

「這個死亡描寫太逼真了，感覺他的刀就像割在我的身上，透過這樣的描寫我很同情塞內加，心裡很憤怒，為什麼還要讓這老人遭受這樣的痛苦，這是什麼樣的社會，讓善良正直的老人這樣痛苦地死去？」另一名同學激動地說。

　　「你們產生這樣的感覺說明我的目的達到了，我就想透過這樣的描寫讓人們了解到帝制的弊端。你們看到了嗎？透過對一些場景的細緻描述，可以將自己對人物的感情充分表達出來。當然在描寫這些歷史細節時，必要的想像是不能缺少的，不過這些想像要建立在真實歷史事件的基礎上，不能是胡編亂造的。」塔西佗老師說道。（如圖 6-5 所示）

歷史學家說：
在描寫歷史細節的時候，必要的想像是不可或缺的，但要建立在真實歷史事件的基礎上，不能是胡亂編造的。

圖 6-5　描寫歷史細節要真實

　　一名同學稱讚道：「老師，您用簡潔有力的文字風格和極度諷刺的手法，將帝國初期的暴君形象刻畫得栩栩如生，就像中國的魯迅先生一樣，想用自己手裡的筆喚醒國人的意識。」

　　塔西佗老師道：「看來歷史總是驚人的相似。我想用嘲諷的語氣，剝去那些自詡『君子』、『聖人』皇帝的偽裝，把他們荒誕的生活都呈現在大眾的眼前。當剝去他們用來偽裝的『神聖外衣』後，將他們的一切醜惡都暴露出來，讓他們醜陋的靈魂在陽光下曝晒。只有這樣才能對那些暴君有鞭笞作用。」

　　一名同學笑道：「我們來聽聽老師的筆是多麼辛辣！這是老師描寫提

貝里烏斯內心恐懼的一段文字：『如果暴君們的靈魂能放到陽光下面攤晒的話，人們肯定能夠看到上面的裂口和傷痕：如同鞭子可以在身體上留下傷痕一樣，殘酷、情慾和惡意也可以在人的精神上留下傷痕。不管提貝里烏斯處在高高的皇位，還是處在與世隔絕的狀態，他都不能不把良心的痛苦和應得的懲罰招供出來。』」

「是啊，老師的這些話簡直就像利劍，直擊我們的內心啊。」一名同學感慨道。

「如果我是獨裁者，聽到這些話後肯定會想自己是不是也會面臨這樣的境況呢？雖然老師說的是提貝里烏斯，但這也是說給一切專制暴君聽的啊。難怪老師被人稱為『暴君的鞭子』，這鞭子是打在一切專制暴君的心上呢，老師是用語言文字讓暴君聞之色變啊！」另一名同學說道。

塔西佗老師笑道：「因為我太痛恨專制暴君了！我要把他們的形象生動地刻畫出來，讓大家都見識他們的暴虐。不過前面我也說過，雖然我有這樣的目的，但我還是堅持了自己『下筆時既不心懷憤懣，也不意存偏袒』的原則。」

一同學又道：「老師，我們知道您的原則！雖然您沒有有意偏袒，但是您的筆已經告訴我們您的觀點和看法了。比如描寫羅馬暴君的典型——尼祿時，您採用嘲諷的手法讓一個不理朝政、荒唐不羈的『風流皇帝』躍然紙上。」

「還有老師在批評那些羅馬的執政官、元老等人的媚態時，是這樣寫的：『這時羅馬的執政官、元老和騎士都爭先恐後地想當奴才。一個人的地位越高，也就越虛偽，就越急不可待地想當奴隸；不過他需要控制自己的表情：既不能為老皇帝的去世表示欣慰，又不能為新皇帝的登基表示不當的憂鬱。他流淚時要帶著歡樂，哀悼時要帶著諂媚。』」

「老師透過這些文字將那些人的心態揭示得唯妙唯肖，尤其是『他流淚時要帶著歡樂，哀悼時要帶著諂媚』，這話簡直絕了！」一名同學點頭稱讚道。

「老師既有政治家的深刻，又有史學家的敏銳，還有文學家的文筆及道德家悲天憫人的濟世情懷，所以才能妙筆生花，將自己的歷史觀透過一個個形象的故事表現出來，並準確地給後世之人警示。」一名同學讚嘆道。

「老師，我透過您的文字還感受到您無法言喻的辛酸與無奈，感受到您深深的痛苦。」一名同學說道。

塔西佗老師道：「我覺得只有表達出史學家痛苦的作品，才是真實的，才是有益的，因為在人類所有的歷史與現實中，只有痛苦最深刻。我堅信是帝制導致了羅馬的災難與不幸，所以我要將羅馬與羅馬人民的喜怒哀樂、悲歡離合寫出來，我要將個人的不幸、國家和民族的傷痛以及這個時代的苦難和罪惡都記錄下來，讓大家在充滿災難的歷史中憶古思今，憂心忡忡。唯有如此，才能更好地警示後人！

同學們，史學家只有『哀生民之多艱，悌國家之多舛』，只有心懷天下蒼生，才能寫出歷史佳作！一切的手法都只是實現這個目的的工具，你們不要捨本逐末或者本末倒置！」

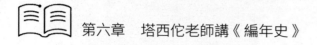

第六章　塔西佗老師講《編年史》

第七章
費弗爾老師講「年鑑學派」

本章主要介紹 20 世紀出現的新史派——「年鑑學派」，介紹了年鑑學派產生的原因、主張、學術特色，讓讀者對年鑑學派有個大概的了解，並能簡單使用一些年鑑學派的方法從事歷史研究。

呂西安・費弗爾

（Lucien Febvre，西元 1878 年 7 月 22 日至 1956 年 9 月 11 日），法國歷史學家，年鑑學派創始人。

呂西安・費弗爾出生於法國南錫，1929 年他與布洛一起創立了年鑑學派，並創辦了其核心刊物《經濟與社會史年鑑》，1946 年該刊改名為《年鑑：經濟、社會與文明》。他的法文著作包括《菲立浦二世和弗朗什孔泰》、《土地與人類演進》、《命運：馬丁・路德傳》、《全觀歷史》、《為歷史而戰》等；英文著作有《地理觀的歷史導論》和《歷史新種類：費弗爾選集》。

第一節　史學家要走出封閉的小圈子

上完塔西佗老師的課後，李彤在自己的筆記本中總結道：以後寫稿的時候，要克服自己的主觀感情，儘量做到客觀；寫作的時候可以用飽含感情的文字來表達自己的厭惡。

寫完之後，李彤發現塔西佗老師的觀點是前後矛盾的，既然宣稱要客觀寫史，為什麼還要用飽含深情的文字來表達自己強烈的憎惡呢？看來連偉人也會「說到做不到」，真正地「抽離自我，超然物外」太難了，畢竟人都是有感情的。不過李彤還是告誡自己，以後寫稿儘量做到客觀、公正。

閒來無事，李彤翻看之前上課後自己總結的筆記，無意中發現這些歷史講的都是帝王將相的事跡，要不就是英雄人物，好像沒有看到普通人的故事。身為普通人，李彤有些失落，難道像自己這樣普普通通的人就不配

被歷史記載嗎？要知道這個世界就是被這些普通人創造的，可是歷史竟然沒有給他們一個交代，這太不公平了！

週六上課前，李彤將自己的想法跟大家說了，一名歷史學專業的同學解釋道，20 世紀出現的「年鑑學派」就提倡歷史不是個人歷史，應該也給普通人一個歷史地位。

「年鑑學派？」聽說這樣一個為普通人「伸張正義」的學派，李彤很想今天就能學到。於是戴上頭盔的時候，她閉上眼睛默默祈禱了一番。睜開眼睛的時候，李彤看到一個開滿鮮花的花園，在花叢中站著一位穿西裝的男子，他正微笑地看著大家，道：「歡迎你們的到來，我是呂西安・費弗爾，今天我來給大家講講年鑑學派！」

聽到年鑑學派，李彤有些意外，沒想到自己的願望真能實現，她問：「老師，什麼是年鑑學派？」

費弗爾老師答道：「這是法國史學的一個流派，開始於 1930 年代。之所以叫年鑑學派，是因為當年我和馬克・布洛赫創辦了一個叫《經濟社會史年鑑》的雜誌，我們主張歷史是人的歷史，反對過去那種以政治人物或政治事件為主的歷史寫作方法，提倡用現代的方法全面書寫人的歷史。」（如圖 7-1 所示）

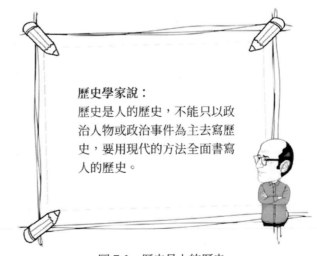

歷史學家說：
歷史是人的歷史，不能只以政治人物或政治事件為主去寫歷史，要用現代的方法全面書寫人的歷史。

圖 7-1　歷史是人的歷史

「老師，19 世紀是西方史學的輝煌時期，那時占歐洲史壇統治地位的應該是實證學，他們提倡『真實性更重於文采』，對史料的真實性非常重視，並讓歷史從文學、哲學中獨立出來成為一門專業的人文學科。當時一個非常有名的學派就是蘭克學派，他們提倡將歷史學放在嚴密的方法論上，然後對文獻史料進行嚴格考據。他們在歐美各地產生了極大的反響，1898 年法國歷史學家還專門對實證學的研究方法和原則做了全面介紹，可以說達到史學的頂峰。為什麼在這樣的情況下，你們會提出相反的意見？」眼鏡哥推推自己的眼鏡問道。

「雖然實證派的發展達到了頂峰，但是也引起了各方面的質疑和挑戰。」費弗爾老師看著遠方，好像陷入了回憶，他緩緩道，「首先，實證派秉持客觀、實證的理念開始對眾多的歷史資料進行彙編，因為資料太多難以窮盡，所以需要對歷史事實有選擇地彙編，但這種選擇是建立在史學家主觀性上的，這與『研究者要絕對客觀』及『讓史料自己說話』的原則不符。」（如圖 7-2 所示）

「其次，因為實證派對史料客觀性的追求，讓歷史學逐漸淪為史料學，這無疑限制了史學研究領域的擴大。並且這些史料主要還是文字史料，記載的主要是國王、大臣等上流人物的活動。根據這些資料寫出的歷史很難讓人對過去的生活有個全面的認知，並且這樣的歷史還讓人產生一種錯覺，覺得歷史的進程完全就是由上層人物操縱的，歷史事件也是由他們的喜好所決定的，對於在歷史進程中產生重要作用的社會經濟因素根本就體現不出來。」

「原來是因為史料的原因，才讓歷史變成了少數人的歷史，看來當時根本沒有人記錄普通大眾的資料。」李彤心想。

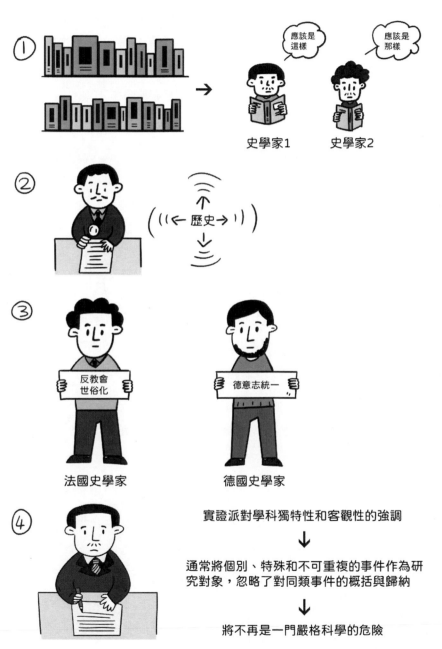

圖 7-2　實證派倒閉的原因

「再次，雖然史料派力圖拋開史學研究的主觀性，提倡讓『史料自己說話』，但是當時政治鬥爭、民族鬥爭風起雲湧，這樣的理念根本就做不到。當時法國史學家傾向反教會的世俗化，德國史學家則需要為德意志的統一而服務，哪裡還有客觀主義？」費弗爾老師繼續道。

「最後，因為實證派對學科獨特性和客觀性的強調，導致歷史學家將注意力放在對具體歷史事件和細節的評判和考據上，使得歷史學跟其他學科漸漸分離開來。並且他們通常將個別、特殊和不可重複的事件作為研究對象，忽略了對同類事件的概括與歸納，從而把發現事物規律的職能讓給了其他學科，使得歷史學面臨將不再是一門嚴格學科的危險。」

「在 19 世紀末 20 世紀初，各種社會科學快速發展的時代，當實證史學家們還在為帝王將相生活中的細枝末節而爭吵不已時，其他學科已經開始深入探究人類社會發展的原因了。當時，很多社會學者開始公開指責歷史學只具有亞科學的地位。在這樣的危機下，無論是德國還是法國，實證學都面臨著嚴峻的挑戰。」費弗爾老師緩緩道。

「老師，當時法國的實證派是在國家的扶持下發展起來的，它根本就沒法兌現自己保持客觀的承諾，因為它們還要為統治者服務。」一名同學說道。

「是啊，那時法國實證派有強烈的民族主義，他們想把全體法國人集合起來向德國人復仇，怎麼可能保持客觀中立呢？對於他們所提倡的客觀性和真實性，我們也只能一笑而過了。」費弗爾老師道。

「老師，通常危機也意味著轉機，中國有句古話叫『不破不立』，很有哲理。」一名同學說道。

「對，『不破不立』！」費弗爾老師道，「當時社會學中的塗爾幹學派對傳統史學發起了猛烈抨擊，他們覺得歷史學應當成為社會學的一個分

支，為社會學家收集資料，讓社會學家根據這些資料來探尋社會現象發展的規律。後來我們的恩師亨利・貝爾又在 1900 年創立了《歷史綜合雜誌》，拉開了法國史學革命的序幕。貝爾主張以歷史學為中心將人類所有知識都綜合起來，當然這個歷史可不是所謂的『實證派歷史』。塗爾幹學派將傳統史學的缺點揭示出來，引起了一些學者的反思，並開始嘗試用一些新的觀念來改造傳統的歷史學。貝爾又提出了歷史綜合思想，並用創辦的雜誌為跨學科的歷史研究開闢了道路。」

費弗爾老師的聲音高昂起來，他說：「並且弗朗索瓦・西米安在《歷史綜合雜誌》上發表了一篇至今讓我記憶猶新的文章──《史學方法和社會科學》。在這篇文章中，他主張歷史學家應該走出封閉的小圈子，將視角從個人轉向社會，從注重個體轉向重視普遍社會現象，進行研究並找到其發展規律和發展原因。」

費弗爾老師好像陷入了回憶之中，他接著說：「西米安對傳統史學的批判讓我震撼，並且他還致力於史學實踐，他是法國經濟史學的鼻祖，他認為經濟史是一個在歷史學中可以和社會學相吻合的分支，並且進行了一系列研究。他的研究讓我看到了跨學科學研究究的重要意義，推動了年鑑學派的創建。」

「1929 年，我和布洛赫創辦了《經濟社會史年鑑》雜誌，於是年鑑學派創立了。」費弗爾老師道。

「老師，您的年鑑學派可以說是徹底扭轉了法國史學的發展方向！」一名同學大聲說道。

「要說 20 世紀法國史學發展的主流，非年鑑學派莫屬啊！」另一名同學說道。

「老師，年鑑學派跟傳統史學到底有什麼不同呢？」李彤問道。

第二節　只有整體歷史才是真正的歷史

「看來有同學都等不及了。」費弗爾老師笑道,「不過,在介紹年鑑學派的獨特魅力之前,我們還是先來看看年鑑學派產生的社會背景吧!」

「年鑑學派的發源地是斯特拉斯堡,位於德法邊境,其主權經常在德法之間變動,因此這個地區的語言和文化兼具德法兩國的特點。1918 年,第一次世界大戰結束,德國戰敗,於是原本隸屬德國的斯特拉斯堡重歸法國管轄。法國政府打算在這裡建立一所全新的斯特拉斯堡大學,讓它成為萊茵河文化的中心,以此保證法國思想文化在歐洲的威望。」費弗爾老師接著說。

「跟那些老牌大學相比,斯特拉斯堡大學受傳統史學影響較小,並且因為廣泛的國際文化交流很快就成為法國學術界新思潮的中心,而我和布洛赫正好任斯特拉斯堡大學教授,受這些新思潮的影響,我們創辦了《經濟與社會史年鑑》。」

費弗爾老師接著說:「當年我們致力於拓展歷史學研究領域,也學恩師貝爾創建了綜合研究討論會,把歷史學家、人類學家、地理學家、社會學家聚集在一起,進行廣泛的跨學科的綜合研究,並透過《年鑑》雜誌這個開放的平台將研究成果發布出來。」

「老師,年鑑學派帶來了很多觀念上的創新,不僅歷史研究領域拓展了,史學研究方法也發生了變化,並且關於史料的觀念也發生了變化。您能詳細跟我們說說嗎?」一名同學問道。

「哈哈,讓你們久等了,我這就講。其實年鑑學派跟傳統史學的不同之處總結起來主要有以下幾點。」

「首先,年鑑學派提倡研究全面的、整體的歷史,這就要求歷史學家

要對整個人類的生活進行研究，也就是說歷史學家除了要關注政治、軍事外，還要研究經濟、思想、文化、宗教，以及與人類生活相關的各個方面。」

費弗爾老師接著說：「歷史是人的科學，是研究人的經濟和社會活動的歷史，我提倡對歷史進行多學科的綜合研究。因為人類是一個整體，絕不能被切割成一塊塊，歷史的整體也不能分割，讓事件在這邊，思想和信仰在那邊，所以歷史研究不能將組成歷史的各個部分分開研究，而是要把它們合併起來研究，這樣歷史學家就不能再各自為政，而要從封閉的、狹隘的傳統史學中走出來，彼此交流，共同研究，只有這樣才能是總體的歷史，也只有整體歷史才是真的歷史。」

「老師，既然要研究整體的歷史，歷史學家就不能再將目光緊盯在少數人身上了，那麼歷史學家的眼睛應該放在哪些事情上呢？」很久沒有提問的眼鏡妹問道。

「當然是將目光從國王、大臣、將軍等上層人物身上轉移到下層人民身上。」費弗爾老師說道，「傳統史學家只研究那些政治事件中的『菁英』人物，這種研究只是坐井觀天，根本沒有看到歷史事實中的深層結構和宏觀面貌，所以他們的歷史學距離歷史真相越來越遠。而真正的歷史則是隱藏在這些現象背後的。」

「所以，老師您寫的《命運：馬丁‧路德傳》這本著作跟傳統的史學著作不同，您關注的不是馬丁‧路德個人的內心世界，而是 16 世紀德國下層民眾的集體心理。您還將馬丁‧路德的個人心態與德國民眾的集體心態進行了對比。」一名同學說道。

「是的，透過這些研究，可以看出個人在歷史事件中的作用已經變得微乎其微，已經不再是研究的重點，相反德國民眾的集體心態才是最重要

的。所以，歷史學家想要找到歷史事件發展的主要動因，必須要重構當時下層民眾的心態。」

費弗爾老師接著說：「我們再來看看年鑑學派的另一個獨特之處吧。」（如圖 7-3 所示）

圖 7-3　年鑑學派跟傳統史學的不同之處

「年鑑學派否定個人偶像崇拜，年認為歷史不是個人的歷史，所以歷史研究不能只圍繞著人物，而不去考察社會制度、社會現象等方面。我們尤其反對那些只注重大人物的歷史，我們提倡也要給百姓歷史一個地位。我們認為，在持久不變的空間環境中出現一位改良採伐技術的普通農民，他的重要性跟贏得一場戰役的將軍是一樣的。」

「老師，您這眾生平等的思想提高了我們『草根』階層在歷史研究中的地位呢，我喜歡您這樣的思想！」李彤讚嘆道。

另一名同學說：「老師，您讓歷史研究向普通民眾下移，這擴大了歷史研究的範圍，讓歷史資料的來源更加豐富，也更加真實了。」

「但是，老師，年鑑學派也是有缺陷的。」一名同學道。

費弗爾老師說：「這是必然，歷史告訴我沒有完美的體系。請你跟大家講講年鑑學派的缺陷吧，畢竟是我的『孩子』，我不忍心去說它的不好。」

那名同學道：「首先，年鑑學派提倡『總體史』，但是不可能有真正全面、整體的歷史，只能是局部的、有選擇的歷史；其次，年鑑學派提倡在方法上創新，這容易讓史學家陷入對方法的崇拜，而忽略史學研究的求真本質，可能會出現史實服從於方法，或任意裁剪、解釋史料的現象；再次，如果歷史被各種模型、結構、時段切割而碎化，那麼史學就失去了本身的特點，這樣就會有被其他社會科學同化的危險。」

費弗爾老師點頭道：「你總結得很對，這些問題在年鑑學派中確實存在，我只能期望於你們順應時代的發展，提出更加合適的理論。」

第三節　跨學科學研究究歷史

「老師，當年你們年鑑學派的創立也是順應時代的需求嗎？」一名同學問道。

費弗爾老師答道：「當然，雖然年鑑學派創立是因為當時傳統史學已經陷入危機，但是不可否認第一次世界大戰後，法國社會發生了明顯的改變，經濟地位日益突出，影響了社會生活的方方面面。為了適應這種變化，歷史學家也開始將目光從政治轉向了經濟。1929 年，世界經濟危機爆發，給年鑑學派創造了一個很好的機會，也就在那一年，《經濟與社會史年鑑》雜誌正式創辦。」

一名同學說：「老師，你們在雜誌創刊號上的宣言現在讀起來依然讓人感慨萬千。你們說：『我們都是歷史學家，都有共同的體驗，並得出共同的結論，但是我們都為傳統分裂狀態所產生的弊病而深深苦惱。目前我們一方面面臨著歷史學家還在用陳舊的方法去研究過去的文獻資料；另一方面，從事社會、經濟研究的人正在增多。但是，這兩方面的研究者卻相互不理解也不溝通。現在歷史學家和其他學科的研究專家之間也存在這種互不往來的閉塞狀況。當然，各行的學者在自己的專業裡耕耘這無可厚非，但是如果他們能相互關心一下鄰居的工作，那就再好不過了。可是我們卻發現這種連繫被一堵高牆隔開，針對這種可怕的分裂，我們在此疾呼，希望大家攜手共進，共同創造新的歷史！』」

「謝謝！從後代人口中再聽到這段話我很感動！」費弗爾老師有些哽咽地說，「因為歷史的整體是不能分割的，所以我提倡要對歷史進行跨學科的研究，也就是說研究歷史時除了應用歷史學的理論和方法，還可以從其他學科的理論和方法中尋求幫助。」（如圖 7-4 所示）

圖 7-4　歷史需要跨學科學研究

一名同學問道：「老師，為什麼要這樣做呢？沒有應用這樣方法的歷史不也很好嗎？」

「這是因為歷史本身就是綜合的、多樣的，如果只採用某一種理論和方法就會有局限性，讓你看不到歷史的整體面貌，你看到的只是歷史事件的某一個點和某一方面而已。就像傳統的歷史，他們寫的多是帝王的事跡，從這樣的歷史中你能看到當時下層人民的生活嗎？你能了解那時的社會到底是什麼樣的嗎？」費弗爾老師問道。

眼鏡哥緊接著說：「是的，其實跨學科學研究不僅歷史學需要，其他學科也需要，如果我們只用某一種學科的研究方法，就會產生偏見，想要全面了解一個問題還是需要跨學科去研究。因為不僅每一個事件的原因、過程和結果不可分割，而且事件的每一方面都是相互牽涉的。比如，要研究中國的第二次鴉片戰爭，那麼對於太平天國還有洋務運動不能不涉及，因為它們是密切連繫在一起的。」

「是的。此外，歷史是在場所和空間建立的，所以地理對歷史肯定會產生影響，如果我們忽視空間的重要性，就無法研究歷史。」費弗爾老師說道。

「比如，不同的國家氣候不同，有的非常熱，有的非常冷，有的氣候適宜，這些不同的地理環境會導致當地人的精神和心理有自己不同的特點。」

一名同學笑道：「老師您這個說得太對了，比如中國的東北人就很豪爽，南方人就很精明，還有四川人喜歡吃辣，並且現在還有研究發現，不同地區的人，他們得的病都會不同。」

費弗爾老師點點頭，道：「還有，我認為經濟學跟歷史學的關係是十分密切的，在歷史的發展過程中經濟占有十分重要的作用，可以說經濟是

促進社會發展和文化進步的主動力，所以我們要重視經濟學在歷史研究中的重要作用。當然還有其他的學科，比如人口學、社會學、心理學、人類學等，它們對歷史學來說一樣重要。」

頓了頓，費弗爾老師接著說：「歷史學的跨學科學研究究，是指在研究具體的歷史對象時，有意識地吸收或借用其他學科的知識、理論和方法來拓展思路，開闊視野，深化理解，促進歷史重構，讓歷史闡釋得更加深入。」

「老師，那歷史跨學科學研究究的對象只是傳統的歷史嗎？」一名同學問道。

「除了傳統歷史敘述的對象，當然也可以是一些新開拓的領域，還可以是目前歷史學還未涉及但是其他學科已經有所建樹的領域。」費弗爾老師道。

「同學們，歷史學不僅要重構歷史，還要闡明歷史；歷史學不僅要敘述歷史，還要揭開歷史演變的規律。這樣深層的歷史需要深入研究才行，這需要歷史學同各學科相互結合起來，跨學科學研究究才行。」

「老師，現在的社會跟您所在的時代相比，已經發生了巨大的變化。現在超越民族和地區界限的全球史觀已經成為一種趨勢，有不少歷史學家開始採用全球觀點來研究、分析和敘述世界史。他們認為只有運用全球化的觀點，才能了解各民族在不同時代中的相互影響，以及這種影響對人類歷史進程所產生的作用。」

「這是這麼多年來我聽到的最好消息。」費弗爾老師開心道。

「同學們，你們要謹記，歷史研究如果不與其他學科相連就會陷入危機。歷史是一片海洋，它不斷地向遠方延伸，其深度也比表面上看到的要深得多，所以歷史學必須要有更廣闊的空間、更複雜的內容和更多變的結

構。你們如果想從事歷史研究，一定要有寬廣的胸懷和整體意識。除此之外，你們的知識結構還要合理，當然還必須有鑽研的精神。」

費弗爾老師有點不好意思地說：「一不小心又說多了，不過我希望你們在歷史的研究實踐中能形成自己的研究方法和研究風格，最後形成自己的知識構架，將這門學科發揚光大。為了讓你們更深刻地了解年鑑學派，我們來講一講其學術特色吧。」

第四節　年鑑學派的學術特色

「從古至今，產生了很多的學派，每一個學派都為人類思想的發展做出了重要貢獻，每一個學派的形成和發展既是學術進步的重要表現，也是學術創新的重要支撐。正是因為不同學派的此起彼落，最終描繪出蔚為壯觀的人類學術思想史。」費弗爾老師道。

「在這壯觀的人類學術思想史中，年鑑學派也很榮幸地擁有一席之地。可能有人認為，我們不過是以《經濟與社會史年鑑》雜誌為陣地而進行的一個『新史學運動』而已，根本就構不成一個學派，但是大多數學者還是將我們這些歷史學家稱為年鑑學派的學者。」費弗爾老師笑著說。

「既然如此，那我就跟大家講講我們年鑑學派的幾個學術特色。」太陽晒得有點熱，費弗爾老師向樹蔭下挪了挪，說道。

「首先，就是『存疑』的歷史觀，具體來說就是歷史事實並不等於已知的條件，這些歷史事件不過是歷史學家從史料出發構建出來的。」（如圖 7-5 所示）

「老師，這是什麼意思？」李彤有些不解地問道。

費弗爾老師解釋道：「這樣說吧，假如傳統史學家從某個基本事實出

發，透過一系列的分析、推理、對比等方法，最後得出了一個結論，我們
年鑑學派首先會對這個結論和其所陳述的事實持懷疑態度，然後進行仔細
考察梳理，分辨其真偽。」

　　「哦，老師您說的就跟中國有段時間的『疑古學派』一樣，因為他們
的存在還催生了中國考古學的發展。」李彤恍然大悟道。

「存疑」的歷史觀

年鑑學派　　　其他社會科學學科

提倡跟其他學科聯合起來

重視歷史研究的全面性和整體性

圖 7-5　年鑑學派的幾個學術特色

「看來這也是我們的同道中人。」費弗爾老師笑道,「其次,我們年鑑學派提倡與其他社會科學學科聯合起來,共同推動歷史研究的發展。我們年鑑學派不單會運用歷史學的理論和方法,還會運用其他學科的理論和方法來解決歷史研究中遇到的問題,我們被稱為跨學科史學學派。」

費弗爾老師接著說:「最後,我們年鑑學派非常重視歷史研究的全面性和整體性。我們認為歷史是不可分割的,如果只用某一學科的研究方法,將導致對歷史認知的偏差。」

「所以,老師您的歷史作品經常會涉及語言學、地理學、人口統計學、經濟學等其他學科。比如在《16世紀的不信教問題:拉伯雷的宗教》一書中,您對於拉伯雷不信教問題深表懷疑,運用了多種方法去研究。您考察了拉伯雷同時代的人,透過他們對拉伯雷的言論,您提出一個發人深省的問題,那就是當時人們談論拉伯雷所用的言辭,跟我們今天所理解的是不是一樣的意思呢?」眼鏡哥繼續道。

「帶著這樣的疑問,您把當時對拉伯雷最多的評論挑出來,最後發現真正指責拉伯雷無神論者的文章只是幾篇短文,並且作者還用了上帝的名義,內心卻向古羅馬無神論者盧奇安祈禱。於是您判斷,當時那些人所說的『無神論者』應該只具有模糊的含義,他們自己也不清楚這個詞的具體含義,所以不能用現代化的、精確化的含義去理解當時人的思想。後來,您又從當時普通民眾的心態出發,從總體史視野出發,向更廣闊的社會領域深入分析,最後您得出結論……」

費弗爾老師搶道:「我得出的結論就是:16世紀根本就是一個無法擺脫宗教信仰的時代,在那個時代根本就不可能產生無神論思想,因為那時根本就不具備無神論產生的社會生活基礎和心態條件。」

「還是不說我的作品了,我們來總結一下年鑑學派的主張吧!」費弗爾老師說道。

「老師，年鑑學派否定了政治史在歷史研究中的統治地位，提倡把歷史研究的重點放到經濟方面，從而拓寬了歷史學的研究範圍。」一名同學道。

又一名同學說：「年鑑學派提倡歷史學要跨學科學研究究，提倡運用歷史學以外的方法進行歷史研究，比如社會學方法、心理學方法、計量方法、比較方法等，這種改革讓歷史學研究取得很多突出的成就。」

另一名同學道：「因為提倡跨學科學研究究，讓史料的範圍擴大很多，並且還呈現出多元化趨勢，讓歷史研究的史料除了文獻以外，還增加了各種圖形素材、考古挖掘成果、口述史料、一些統計數據，還有價格曲線，甚至照片、電影、化石、工具等。」

「哈哈，你們回答得很全面，我就不再補充了。」費弗爾老師開心道，「那我們年鑑學派的發展階段，你們知道嗎？」

眼鏡哥搶答道：「知道。年鑑學派主要經歷了三個階段，老師您和布洛赫是第一階段（1929 至 1945 年），這一階段提倡歷史的總體是人類社會，是組織起來的人類群體，提倡歷史研究應該以人類群體作為研究對象，還提倡歷史的整體研究及跨學科的綜合研究。」

眼鏡哥繼續道：「老師，在您之後就是第二階段（1946 至 1968 年），第二次世界大戰以後，年鑑學派也發展到第二階段，這一標誌就是將《經濟與社會史年鑑》改為《經濟、社會與文化年鑑》，這一時期的代表人物是費弗爾南‧布羅代爾，他提出了長時間段理論。」

「長時間段理論？說來聽聽。」費弗爾老師饒有興趣地說。

眼鏡妹搶著回答道：「布羅代爾認為歷史學之所以跟其他社會科學不同，主要體現在時間的概念上，他認為歷史時間也應該有短時段、中時段和長時段。短時段，就是事件或政治事件，主要是歷史上的突發現象，比

如革命、戰爭、地震等；中時段，也叫局勢或社會事件，就是在一定時期內發生變化形成的現象，比如人口的消失、物價的升降等；長時段也叫結構或自然時間，主要指歷史在幾個世紀都長期不變或變化緩慢的現象，比如地理氣候、生態環境、思想傳統等。」

喘了一口氣，眼鏡妹接著說：「布羅代爾認為短時段只構成了歷史的表面層次，對整個歷史進程影響很小。中時段對歷史進程有著重要作用，但是只有長時段才構成了歷史的深層結構，對歷史進程起著決定性和根本性作用。這一理論的提出，延伸了歷史研究的範疇，將歷史學的視野拓展得更寬。」

「哦，原來是這樣的理論，不錯！」費弗爾老師邊點頭邊說道，「誰能告訴我第三階段是什麼？」

「1968 年，布羅代爾辭去年鑑雜誌主編之職後，由史學家雅克‧勒高夫和勒瓦‧拉杜接管，這標誌著年鑑學派進入第三階段。這一階段，歷史學家否認歷史事件之間的任何連繫，認為時間的間斷性是決定一切的因素，他們主要研究一些孤立的現象。這一階段他們不再排斥政治史、人物研究，不過他們仍然倡導總體史，倡導跨學科合作。」

「還好，雖然改變很多，但總算還有所保留。」費弗爾老師笑道，「同學們，根據歷史規律，沒有一種歷史研究方法會適合所有的時代，每個時代都有自己的歷史，都有自己的需求，你們要根據自己的時代創建適合你們的方法。」

第八章
司馬遷老師講《史記》

本章透過 4 個小節介紹了偉大史學家司馬遷面對各種問題的選擇，以及他的堅持，還有他的治史觀念。他會告訴我們怎樣才能寫出像《史記》那樣優秀的紀傳體史書。

司馬遷

　　（西元前 145 或西元前 135 ～不可考），字子長，夏陽（今陝西韓城南）人，中國西漢史學家、散文家，因著中國第一部紀傳體通史《史記》被後世尊稱為史遷、太史公、歷史之父。

　　年少時，司馬遷跟著孔安國、董仲舒學習，後漫遊各地，了解風俗，採集傳聞。元封三年（西元前 108 年）任太史令，繼承父業，著述歷史。他創作了中國第一部紀傳體通史《史記》（原名《太史公書》），記載了長達 3,000 多年的歷史，是「二十五史」之首，被公認為中國史書的典範。

第一節　一個史學家的堅持

　　這個禮拜因為沒什麼大事，李彤過得逍遙自在，週五晚上還跟朋友一起去看了《烈火英雄》。當看到馬衛國他們明知血肉之軀擋不住熊熊大火，卻還在傻傻堅持時，李彤有些動容，感動的同時又為他們的堅持痛惜。

　　那天晚上，李彤對馬衛國的堅持想了很久，很晚才睡著，第二天鬧鐘響她都沒聽見，結果上課遲到了。當她氣喘吁吁趕到教室時，同學們都已經戴上頭盔了，李彤趕緊戴上頭盔，發現自己置身於一間滿是帛書和竹簡的屋子，屋子中間站著一位穿漢服的年青男子，他的頭髮用頭巾包著。

　　漢服、史學家，當李彤將這兩者結合在一起的時候，很快就猜出這個人是司馬遷，雖然自己對歷史不感興趣，但還是知道司馬遷的。

那男子對李彤微微點頭，繼續道：「天漢二年（西元前 99 年），漢武帝派自己的寵姬李夫人的兄長李廣利率三萬騎兵去攻打匈奴，結果打了敗仗，幾乎全軍覆沒，李廣利逃了回來。當時李廣的孫子李陵，帶領五千步兵深入敵後跟匈奴作戰，遭到匈奴三萬大軍的圍困，後來因為手下士兵叛變，將內部軍情告知單于，導致李陵被俘。消息傳來，漢武帝暴怒，朝堂之上文武大臣紛紛譴責李陵不該貪生怕死，向匈奴投降。這時漢武帝問我這個太史令有什麼意見。」

聽到這裡，李彤百分之百肯定這人就是司馬遷無疑了，對於司馬遷的最終選擇，大家都知道。因為這個選擇讓他遭受宮刑，最後忍辱負重寫下流傳千古的《史記》。

「老師，在您的君王暴怒、大家都不敢反駁的情況下，您為什麼要替李陵說話呢？您和李陵又沒什麼關係。」眼鏡妹問道。

「因為我只說實話，只說我自己心裡的話。李陵在國家危難的時候，不顧個人生死挺身而出，這已經是英雄之舉了，雖然打了敗仗，但他以區區五千人對抗匈奴三萬大軍，並且還能殺敵近萬，已經很了不起了，雖然他最後投降了，但我相信那也是權宜之策，以後他一定還會想辦法回來的。」司馬遷老師慷慨激昂地說。

「老師，您知道李陵最後的確投降了吧。面對這樣的結果，您對當初的選擇後悔嗎？」眼鏡妹追問。

「我堅持自己當初的想法，我覺得自己那時對李陵的看法是正確的，只是後來因為種種原因才導致李陵沒有回來。」司馬遷老師遺憾地說。（如圖 8-1 所示）

圖 8-1　司馬遷的答案

「老師，就因為您說出了自己真實的看法，才導致您的牢獄之災，真的好可惜！如果您能審時度勢，把自己的真實想法隱藏起來，可能就不會有這樣的災難了。」一名同學惋惜地說。

「但是，如果老師這次因為害怕不敢說出自己的真實想法，那麼以後肯定還會因為各式各樣的顧慮而不敢堅持原則，那我們可能也看不到如今這樣的《史記》了。」另一名同學反駁道。

聽到這裡，李彤對電影中馬衛國的堅持又有了新的理解，雖然他的做法當時看起來徒勞無益，但那是作為一個消防員的堅持，無論什麼時候，永不放棄。「每個人都有自己的堅持，」李彤想，「那麼我的堅持又是什麼呢？」

正當李彤思緒紛飛時，只聽眼鏡哥說道：「老師，您被入獄後受到嚴刑拷打，但您並沒有改變自己的看法，後來漢武帝聽信傳言說李陵替匈奴練兵，於是就將李陵全家都殺了，也判您死刑。根據漢朝的刑法，有兩種減免刑罰的辦法：一個是拿五十萬錢贖罪，另一個是受宮刑。否則就是死。您知道自己家根本拿不出那麼多錢，這時您的選擇就變成了到底是屈辱地活著，還是痛快地死去。當時受宮刑被視為對祖先的大不孝，不僅活

著受世人唾棄，死了還不能入祖墳，這對士大夫簡直就是奇恥大辱，您為什麼選擇了宮刑？」

「我不怕死，之前我也想就這樣死去，以保全我的名節，在當時這是我最好的結局。但是，在我決定去死的時候，我想到了父親窮盡一生也沒完成的遺願，想到了文王拘於囚室還在推演《周易》，想到了仲尼在困境中著《春秋》，想到了屈原被放逐後才寫出《離騷》，想到了孫臏遭受臏腳之刑後才開始修兵法。」司馬遷老師緩緩道。

「人固有一死，或重於泰山，或輕於鴻毛。我覺得如果我就這樣慕義而死，雖然名節保住了，但是我的書沒完成，還沒有立功名於天下，這樣的死和螻蟻之死又有什麼區別？所以我決定還是忍辱負重地活著吧，或許還能有機會完成父親的遺願。」

「老師，您說得對，死也要死得其所，死得有意義。人的生命只有一次，所以我們要給這個世界留下點什麼，以此來證明這個世界我們曾經來過。」一名同學道。

「還好，老師您後來終於等到了漢武帝改年號大赦天下，您得以出獄，並且被任命為中書令，類似於皇帝後宮的祕書長，皇帝身邊的近臣。看起來，漢武帝對您好像不計前嫌，還委以重任，實際上這是對您人格的極大侮辱。」一名同學深表同情地述說著。

「在獄中我已經想清楚自己活著的目的是什麼，能有機會出來實現我的理想，我已經很慶幸了，對於他們所謂的『羞辱』，我沒有過多精力去想了，我只想快點把書寫完。」司馬遷老師道。

「其實，經歷那些磨難以後，我對漢武帝、漢王朝有了新的認知，對於撰史我也有了新的考慮。原來我想為漢武帝歌功頌德，但是經過這些事情之後，我想究天下之際，通古今之變，成一家之言。」

「老師，您能給我們講講怎樣才能煉成『一家之言』嗎？」眼鏡妹急迫地問道。

第二節　一家之言是怎樣煉成的？

司馬遷老師看著滿屋的書，眼中是那樣不捨，他有些傷感地說：「這些書是我的祖輩留下的，我們司馬一族世代都是史官，一出生我的未來就已經被決定了。我未來的責任就是記載帝王聖賢的言行，對於天下的遺文古事進行蒐集整理，當然還要對一些人和事發表自己的看法，以供君王借鑑。為了能做好這些，父親在我很小的時候就教我讀書習字，十歲我就能朗誦《尚書》、《左傳》、《論語》等書，來到長安後，我又向老博士伏生、大儒孔安國等學習。」

「我父親在整理過往歷史時，萌生了要撰寫一部宏偉史書的想法。從他做太史令開始，就不斷蒐集史料，為修史做準備。」司馬遷老師撫摸著身旁的一冊竹簡，說道，「可惜他年事已高，想要獨立完成一部史著已經沒有可能，於是他就將這願望寄託在我的身上，希望我能挑起這個重擔。」

「老師，您父親對您真是用心良苦。他在您學有所成讀萬卷書後，又讓您行萬里路去實地考察，去親自體驗書中的道理，並讓您了解各地的風土人情。」一名同學說道。

司馬遷老師道：「是的，我從長安出發，出武關至宛，南下襄樊到江陵，去了湘西德夯，又折向九嶷山，然後北上長沙，途經很多名山大川，歷時兩年多才回到長安。」（如圖 8-2 所示）

長安

夯德

九嶷山

圖 8-2　司馬遷的「讀萬卷書，行萬里路」

「老師，您覺得這次遊歷對您有作用嗎？」一名同學問道。

「非常有用。」司馬遷老師道，「當年我來到汩羅江畔，在屈原投江的地方大聲背誦屈原的詩，那時候的感覺跟之前在家讀詩的感覺完全不同，我情不自禁地痛哭起來，突然體會到了屈原的那種悲憤之情。」

「所以，老師您的《屈原列傳》才寫得那樣感人肺腑。」一名同學感嘆道。

另一名同學問道：「老師，聽說您還去了韓信的故鄉淮陰，從那裡得到很多有關韓信的故事，還問當地人韓信為什麼能受胯下之辱而不發怒？」

「是的，寫史首先要保證資料的真實可信，對於不太確定的史料我都會考證，有機會到當地考察，我當然不放過了。我從當地人的口中知道韓信的個子其實蠻高的，當年從流氓胯下爬過去的時候，完全可以一刀把他殺了，但是韓信忍住了。從韓信身上我明白了小不忍則亂大謀，如果當初韓信一刀將流氓殺了，怎麼還有機會跟隨劉邦建功立業？當年在牢獄之中，韓信的故事給了我很大的激勵。」司馬遷老師說道。

「老師，聽說您當年還去瞻仰了孔子的墓，並且跟當地的儒生在一起學騎馬射箭，行古禮，以此來表達自己對孔子的深切懷戀？」另一名同學問道。

「對孔子我一直都是高山仰止，難以企及，我不過是學了點他的皮毛而已。」司馬遷謙虛道。

「我還去了孟嘗君的故鄉薛城，在那裡我走走停停，一路考察當地的民風，想看看這個地方的民風跟當年孟嘗君好客是不是有關係。」

「老師，您這才是真正的『行萬里路』啊。我們所謂的旅遊基本就是看看風景，吃吃美食，然後跟名人古蹟合合影，難怪我們一趟下來除了累

什麼也沒學到。」李彤感慨道。

「你們出去遊歷的目的是放鬆、休息，而我出去遊歷的目的是獲得和核實史料，我們的目的不同，所獲當然也會不同了。」司馬遷老師微笑道。

「在這次遊歷中，我一路走，一路考察，尋訪了很多了解歷史的人，也蒐集到很多存留於民間人們口口相傳的故事，獲得了不少在古籍中無法找到的珍貴史料。這些一手資料確保了我寫史的真實性和科學性。在民間蒐集資料過程中，我接觸到很多族群，了解到他們的生活，我對這個社會，對這個時代，對人生又有了新的認知。所以，我建議你們也多出去走走，多看看，多深入當地的生活，不要走馬看花。」

「老師，估計我們出去也不可能有像您那麼多的收穫，因為我們在遊歷之前根本沒有『讀萬卷書』，我們去了名人的故居也沒什麼感慨。」一名胖胖的男生感慨道。

「那就先多讀些書，這個是首要條件。因為你們現在的書籍太多了，而一個人的時間是有限的，所以我建議你們挑好的書、優秀的書去讀。」司馬遷老師道。

「我在元封三年（前108年）正式做了太史令，這個職位最大的好處就是可以閱覽漢朝宮廷所藏的圖書、檔案以及各種史料。在這段時間我一邊整理史料，一邊參加《太初曆》的修改。太初元年（前104年）《太初曆》完成後，我就開始著手編寫《史記》。」

司馬遷老師接著道：「在編寫史書的過程中，我在想我們為什麼要學習歷史並記住歷史上的經驗教訓？歷史發展的法則又是什麼？在歷史中個人應當有什麼作為？」（如圖8-3所示）

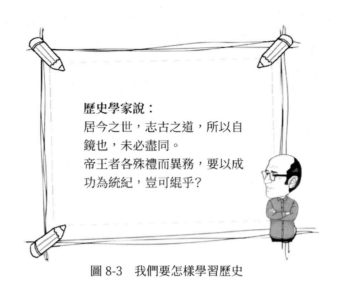

歷史學家說：
居今之世，志古之道，所以自鏡也，未必盡同。
帝王者各殊禮而異務，要以成功為統紀，豈可緄乎？

圖 8-3　我們要怎樣學習歷史

「老師，您當時的問題直到現在還在困擾著我們。」一名同學道，「比如說，我們為什麼要學習歷史？對於歷史和現實的關係我們應該怎樣對待？」

司馬遷老師有些意外地說：「沒想到你們現代人的思想，也有跟我這個古代人相通的地方。對於這些問題，我當時在《史記‧高祖功臣侯者年表‧序》寫下過自己思索的答案。」

好久沒說話的眼鏡哥搶著說：「我知道，老師，您的回答是『居今之世，志古之道，所以自鏡也，未必盡同。帝王者各殊禮而異務，要以成功為統紀，豈可緄乎？』您告訴我們之所以要了解歷史，是要把歷史作為現實的一面鏡子加以對照、借鑑。並且您還告訴我們以往的各種制度、政策雖不同，但都要以達到治理國家為目的。您覺得那些拒絕歷史經驗的人是愚昧的；同樣，那些生搬硬套歷史經驗的人，也是愚蠢的。」

司馬遷老師點點頭，問道：「那麼，人類社會的發展到底有規律嗎？如果有，我們掌握這種規律又有什麼意義呢？」

「老師，您是故意考我們的吧？」一名同學問道。

司馬遷老師點點頭卻沒說話，於是那位同學答道：「您在《 史記‧貨殖列傳‧序 》中說『 故待農而食之，虞而出之，工而成之，商而通之 』。老師，您講到這類經濟現象時還說『 事變多故而亦反是。是以物盛則衰，時極而轉，一質一文，終始之變也 』。您總結的規律就是事物發展到極盛時期也是轉向衰落之時，這主要是因為各種事物之間的相互作用、衝突造成的。您覺得人如果掌握了這個規律，那麼就能對過往的歷史有個比較正確的看法，並且對現實的歷史和未來的前景有較為清晰的概念。」

「這也是我寫歷史的原因之一吧，希望能對你們的現在和未來有所幫助。我們知道所有的歷史都是由人的活動組成的，那麼，我們一個個鮮活的人，在歷史活動中到底扮演什麼樣的角色？換句話說，我們的人生價值是什麼呢？」

第三節　一個人的人生價值

「老師，您的問題好難回答。我一直到現在都沒找到自己存在的價值。如我這樣普通的人，在社會中到底扮演什麼樣的角色？至於在歷史中的價值，我覺得應該不值一提吧。」一名同學苦澀地說。

「同學們，每個人都有存在的價值，每個人都追求自己的目的，也在創造屬於自己的歷史，正是無數個人的共同活動才創造了整個社會的歷史。」司馬遷老師鏗鏘有力地說。

「我不以成敗論英雄，不以職業論成就。對那些普通的百姓，只要他能超越社會關係的束縛，在歷史中一展風采，我都對他們大加讚賞。我對人價值的評價主要在於個人的努力程度和突破社會定位的層次。」

眼鏡哥感嘆道：「像老師這樣的人現在太少了。我們現在的社會大多是以賺錢多少論成敗，以職位高低論英雄，感覺我們現在除了追求財富與地位以外就沒有別的追求了。但是，我常常想，我們到底該如何度過這短暫的一生？到底應該給後世之人留下些什麼呢？」

司馬遷老師點點頭，說：「其實你說的這種現象自古就有，是人就有私心，這是無法避免的。但是，如果換一個角度來看，追求財富和地位也不是什麼壞事，只要你能克服自己的私慾，善用手中的錢和地位去做一些有意義的事，這也很好，因為有些事如果無錢無權還真的做不了，不是嗎？」

這句話一下點醒了李彤，她之前一直對那些想方設法賺錢和努力往上爬的人很有偏見，覺得他們就是一幫唯利是圖的「小人」。聽了司馬遷老師的話，李彤心想如果自己有錢有權，那麼再發表自己的觀點和見解時就不會考慮這樣寫會不會影響自己的獎金，提出這樣的觀點會不會被主編斃掉，那時就可以暢所欲言了。看來，要重新審視自己的人生規劃了。

司馬遷老師接著說：「父親在臨終時囑託我說『為太史，無忘吾所欲論著矣。且夫孝，始於事親，中於事君，終於立身。揚名於後世，以顯父母，此孝之大者也』。父親想讓我青史留名，光宗耀祖，所以我的人生目標就是要立名於世，哪怕早晨剛聞名於世，晚上就死去，我都認為這一生值了。」

「老師，您的目標達成了，您知道後世之人對您的評價是極高的，他們說『文章西漢兩司馬，經濟南陽一臥龍』，這說明您與司馬相如、諸葛亮齊名。」一同學說道。

「那我也算瞑目了，之前所受的一切屈辱都是值得的。」司馬遷老師道。

「同學們，人的一生不可能一帆風順，困難和挫折隨時都可能出現。

像我生活在一個喜怒無常的專制帝王和奸佞之徒橫行的時代，在這樣黑白不分、是非顛倒的荒唐社會，想要實現個人的人生價值實在是太難了。但這是大的潮流，我無法反抗，只能被動接受。為了實現自己的人生價值，我只能隱忍苟活，發奮著書立說。」清清嗓子，司馬遷老師悲憤地說。

「在這裡，我想對你們說，無論遇到什麼困難，無論遭受多少災難，你們都不要氣餒，應該像我一樣努力活著，努力實現自己的人生價值。勇於面對死亡的人，固然是勇敢的，但人不能輕率地死，因為人死不能復生，要死也要看死得是否有價值。」（如圖 8-4 所示）

屈原跳江

荊軻刺秦王

項羽江邊自刎

圖 8-4　什麼才是有價值的死

司馬遷老師的一番話，讓同學們沉思起來。

一同學問道：「老師，什麼才是有價值的死呢？」

司馬遷老師答道：「古往今來，人都難逃一死，怎樣才能死得有價值呢？孟子曾說過『生，亦我所欲也；義，亦我所欲也。二者不可得兼，捨生而取義者也』。我很贊同！」

「老師，您在《史記》中歌頌了很多捨生取義的勇士，比如屈原、田光、荊軻、項羽、李廣等。屈原為國為民的努力雖然失敗了，但是他用死來表達自己對人格準則的堅持；荊軻雖然明知自己這一去難逃一死，但他依然慷慨前行，這種坦然赴死的態度讓人為之動容；還有那些遊俠，您對他們『其言必信，其行必果，已諾必誠，不愛其軀，赴士之厄困』的俠義精神給予高度讚揚。」眼鏡妹說道。

司馬遷老師道：「是的，他們為了國家和民族捨生取義的做法，我是很欽佩的。但是死亡有的重於泰山，有的輕於鴻毛，對於那些沒有價值的犧牲，我是反對的。比如伍子胥，當面對生死考驗時，他想的是怎樣讓生命獲得最大的價值，在有些人眼中，伍子胥就是不忠不孝之徒，但是我覺得隱忍成就一番功名，最後還報了自己的殺父之仇，這就是勇敢聰明的人。」

「老師，您覺得捨生取義和忍辱負重的生死觀是一致的嗎？」一名同學問道。

司馬遷老師道：「對於生命，我們當然要珍視，但不可苟全性命；我們可以慷慨赴死，但不能隨意放棄。我想生命的意義就在於人生價值的實現。捨生取義和忍辱負重都是為了自身價值的實現，都值得稱讚。我以為選擇生還是選擇死，主要看自己的人生價值觀。」

「老師，您從小就飽讀詩書，還跟從名師學習，又到各地遊歷，最後

為了《史記》忍辱負重，可以說您的一生都是為《史記》而活著，您覺得值得嗎？」

「你們覺得這樣的一生值得嗎？」司馬遷老師反問道。

「我覺得很值得，如果我也有一部作品能流傳千古，我願意忍受各種痛苦。」一名同學回答道。

另一名同學壞笑道：「那從今以後，你不能用手機，不能用網絡，除了吃飯睡覺你只能看書學習，堅持幾十年，你肯定也能寫出一部巨作。」

那位同學臉上的笑容消失了，他沮喪地說：「看來我是沒有希望了！」

「每個時代都有自己的學習方式，我當時是因為沒有這些先進的工具，所以只能依靠看書、遊歷增加知識。你們現在完全可以利用網絡的優勢去增加自己的知識。前面我們還說過不能生搬硬套歷史經驗，難道你們已經忘記了嗎？」司馬遷老師笑道。

「同學們，你們現在生活在這樣一個好的時代，只要你們能堅持自己的理想，不斷努力奮鬥，一定會實現自己的人生價值。」停頓了一下，司馬遷老師又補充道，「如果你們當中有人也想從事史書寫作，我可以跟你們聊聊我寫史書的一些心得體會。」

第四節　怎麼寫好紀傳體？

聽到司馬遷老師這麼說，同學們激動地說：那可是公認的史書大家，如果能得到他的親自指點，即便只學其一二，也受益頗多啊。於是大家趕緊收斂心神，聚精會神地聽起來，生怕漏掉一個字。

一名同學忍不住問道：「老師，您開創了中國紀傳體史書的先河，要知道在您之前中國的史書採用的都是編年紀事體，比如《春秋》、《左傳》等，聽說您對《春秋》是極其推崇的，為什麼您沒有採用編年體方式，而是創造性地採用了以人物為主體的編纂形式呢？」

聽到這個問題，大家趕緊豎起耳朵聆聽，因為大家想創新而不得其法，極想從老師這裡汲取靈感。

看到大家期待的眼神，司馬遷老師笑道：「這跟時代有關。孔子生活在諸侯紛爭、社會動盪不安的時代，他創作《春秋》是為了傳道救世，他想透過褒貶歷史揚善抑惡，勸誡世人；但我生活在西漢的鼎盛時期，社會安定，國家富強，我是太史公，我是為了記故事、存文獻而寫史，我的目的是透過歷史實現我的『究天人之際，通古今之變，成一家之言』的抱負。」

「對啊，想要成一家之言，在寫史模式上必須要有所創新啊。」李彤說道。

另一名同學道：「所以，老師您沒有像以往史學家那樣根據年代平鋪直敘，也沒有像《春秋》那樣做哲理化的剪裁，而是新創了一種紀傳體例？」

司馬遷老師點點頭，道：「選擇這種紀傳體，還跟我所寫的內容有關。我認為人類社會歷史的主體是人，不是神或者道，所以我要以這活生生的人為對象，記敘他們、評價他們。透過對他們的記載，來說明人類社會發展變化的規律，來揭示歷史興亡的規律。」

「所以，老師您將《史記》寫成了以人物為中心的紀傳體。」一名同學總結道。

「傳記是為真人立傳的，要求所記之人和事都必須是真實可信的。身

為太史公，我有便利的條件去網羅天下舊史和文獻資料，並且年輕時遊歷各地，我蒐集了不少事跡資料、人物傳說。」司馬遷老師道。

一名同學稱讚道：「老師，我們知道您撰寫《史記》是非常嚴謹認真的，對裡面的每個人物和事件，都進行了大量的調查研究，並對史實進行了反覆核對，有的還去實地考察，您這種求真的精神值得我們學習。歷史學家班固曾經評價道：『其文直，其事核，不虛美，不隱惡，故謂之實錄。』」

聽到後世對自己的讚揚，司馬遷老師臉上的笑容更燦爛了。

一名同學問道：「老師，在您那個時代要堅持『實錄』，應該是有一定難度的吧？您會因為忌諱而改造自己筆下的人物嗎？」

「難度肯定是有的，但是我在給人物作傳時，沒有按傳統歷史記載的規矩去寫，我是按自己對歷史事實的思想感情去記錄的。我寫盡了當時社會的各個階層，各個領域。我既寫到了天子、諸侯對國家和社會歷史所產生的影響，也寫了那些對歷史發展造成重要作用的英雄，還寫了遊俠、醫生、刺客等；對於屠夫、佃戶、守門人等，我對他們的聰明才智也給予了肯定。」司馬遷老師道。

「雖然小人物在歷史發展中不是主角，但正是他們才構成了當前的歷史，我覺得歷史應該給他們一個公正的評價。」

「老師，《史記》中的每一個人物都栩栩如生，您是怎樣做到的呢？」眼鏡妹問道。

「這個可以從幾點去說明。」司馬遷老師道。（如圖 8-5 所示）

精心選材和篩選

表現典型的性格特色

描寫生活細節

注重細節

我父就是你父，要殺，分我一杯羹吧!

人物的語言要符合其身分

圖 8-5　讓人物豐滿的幾種寫法

「第一，在保持歷史真實的原則下，我進行了精心選材和裁剪。人物傳記不必什麼事都寫進去，就像張良，他跟劉邦談了天下的很多事，但是跟天下存亡沒有關係的話就沒有寫入他的傳記中，這主要是為了凸顯張良『運籌帷幄之中，決勝千里之外』的性格特徵。像項羽，他一生可寫的事情很多，一部傳記不可能將它們一一記下，我只取他性格中最突出的特徵，然後重點描寫。」

司馬遷老師接著說：「第二，描寫人物時，讓他們在典型環境中表現出典型的性格特點。」

「老師，您的《項羽本紀》最能體現這個觀點。比如，項羽的驍勇善戰，您說他『力能扛鼎』，對於他的英勇善戰您描寫了很多次，無論是白刃格鬥，還是千軍萬馬的戰場，他都所向披靡。」眼鏡妹說道。

司馬遷老師向眼鏡妹投去讚賞的目光，接著道：「第三，在描寫人物時，除了對他們在重大歷史事件中的表現進行描寫，還要對他們在生活細節中表現出的個性特徵進行刻畫，只有將它們有機結合在一起，才能讓人物形象豐滿起來。」

「老師，您那篇《管晏列傳》讓我印象很深。」一名同學說，「管仲和晏嬰都是齊國有名的政治家，他們有很多相同之處，但是您卻從不同的角度，比如對管仲採用粗線條的概述，對晏嬰則是透過典型事例去描寫；您還透過不同的手法，比如管仲您從他的一生著手，而晏嬰您卻是從幾個方面進行了具體描述。透過這樣有區別的手法，您將他們各自的個性特徵表現了出來。」

「是的，透過不同的方法將同一類人區別開來。」司馬遷老師道，「第四，寫紀傳體一定要注意透過細節去刻畫人物，透過這些細節描寫讓人揣摩出人物的思想脈絡。細節描寫能讓人物有血有肉，讀起來如聞其聲，如

見其人。比如寫李廣的故事，我寫道：廣出獵，見草中石，以為虎而射之，中石沒鏃，視之石也。這句話既說明李廣善射，又為他以後在危急時刻一箭解圍埋下伏筆。」

「還有第五點，就是寫紀傳體的時候，要先想好你筆下的人物是什麼性格，然後用符合他們身分的口吻去說。」司馬遷老師道。

一名同學問道：「老師，您對筆下的人物表達了自己強烈的愛憎，這樣的歷史觀是正確的嗎？」

「是的，我在寫歷史人物的時候，融入了自己的感情，可能會有所偏頗，但是我在寫的時候還是儘量做到了客觀公正。我寫史既不為晉升，也不為自己的地位，所以我不用顧及所謂的『史不論今』，將自己的看法融入客觀事實敘述之中，來表達自己對那些歷史人物尤其是當時那些大人物的愛憎態度。」司馬遷老師回答道。

「老師，您是一位有態度的歷史學家，您的《史記》也是一部有態度的歷史。我覺得我們現在的時代還是需要您這樣有態度的歷史學家。」一名同學道。

司馬遷老師微笑道：「我已經是過去時了，現在的歷史是屬於你們的，至於怎麼書寫，還要看你們。」

第九章
卡萊爾老師講「英雄史觀」

本章透過 4 個小節主要介紹了 19 世紀英國著名浪漫主義大師湯瑪斯·卡萊爾的英雄史觀,以及他的浪漫主義歷史寫法。卡萊爾將英雄分為六大類,提出英雄的本質特徵是真誠,世界歷史就是英雄的歷史。

湯瑪斯‧卡萊爾

　　（Thomas Carlyle，西元 1795 年 12 月 4 日至 1881 年 2 月 5 日），19 世紀英國著名歷史學家、哲學家、評論家、諷刺作家，曾任愛丁堡大學校長。

　　卡萊爾出生於蘇格蘭一個農民家庭，他從小就智力超群，並且一直勤奮努力，後來從事寫作。他文筆優美，著作種類很多，涉及散文、評論、歷史、社會批評等，主要著作有《法國大革命》、《論英雄、英雄崇拜和歷史上的英雄事跡》、《腓特烈大帝傳》等。他的著作曾經風靡大西洋西岸，引起學術界的廣泛討論，他的筆風被稱為「卡萊爾風格」，享譽世界文壇。

第一節　遙望各路英雄

　　聽完司馬遷老師的課以後，李彤開始思考自己的人生價值。之前李彤想要的不過是按自己喜歡的方式度過一生，但是跟這麼多大師接觸之後，她覺得不僅自己的視野變寬了，而且自己的價值觀和世界觀也在悄然改變。

　　之前李彤只想做一個比較正直的記者，但是現在她想做一個對社會有用的記者。看起來好像沒有多大差別，但是李彤知道自己已經從只關心自我的「小圈子」中走了出來，走進了社會這個「大圈子」。

　　做了這個決定之後，李彤發現自己的眼界開闊了很多。一次偶然的機會，李彤看到自己剛來報社時寫的稿子，發現那時的觀點真的就像劉記說的那樣──「很幼稚」。

　　李彤知道，想要成為一名對社會有用的記者不是那麼簡單，前方肯定會有很多無法預知的困難，但她不會動搖自己的決心，她要向那些英雄人物一樣，不達目的誓不罷休。

　　當再一次來到歷史課堂，李彤發現自己在一個教室裡，講臺上站著一位頭髮鬍子花白的老人，穿著黑色的衣服，拄著拐杖。他笑瞇瞇地看著大家，熱情洋溢地說：「大家好，我是湯瑪斯‧卡萊爾，今天我來給大家講講我的英雄史觀。」

　　「老師，您是不是說過『全人類對英雄的崇拜，昨天有，今天有，將來也一定會有』？」一名同學激動地問道。

　　「哈哈，是說過類似這樣的話。」卡萊爾笑道，「不過這種英雄崇拜思想並不是從我才開始的，而是自古就有。」

　　看到大家迷惑的樣子，卡萊爾老師解釋道：「像古代人把某種兇猛的動物當作自己氏族的圖騰加以崇拜，其實就是英雄崇拜的思想萌芽，比如中國人自詡龍的傳人。」

　　「不過，後來隨著社會的發展，人的力量逐漸加強，於是人們的觀念發生了改變，由過去對動物的崇拜，發展到對英雄人物的崇拜。」卡萊爾老師接著說。

　　「我認為，世界歷史歸根結柢就是在這個世界上耕耘過的英雄們的歷史，甚至可以說是他們創造了歷史，整個世界的靈魂就是這些英雄。」

　　「老師，我不同意您的觀點。」一名同學很快反駁道。

　　卡萊爾老師用拐杖敲了敲黑板，道：「我知道肯定會有人不認同我的觀點，但是你們先聽聽我的分析，然後我們再探討，好嗎？」

　　「我根據這些英雄們的『職業』，將他們分為六大類型，即神靈、先

知、詩人、教士、文人、君王。」卡萊爾老師道，「把英雄當作神靈來崇
拜是人類早期最原始的崇拜形式，其代表人物是斯堪地納維亞神話中的主
神奧丁，這是古代北歐人觀察宇宙和調節自身的一種方法，雖然粗糙、質
樸，卻是真誠的信仰；英雄崇拜的第二階段就是先知，其代言人是伊斯蘭
教的創始人穆罕默德，這一階段人們不再把英雄當作神靈，而是將他們當
作受神啟示的先知加以崇拜。」（如圖 9-1 所示）

圖 9-1　卡萊爾的六類英雄崇拜

　　卡萊爾老師問道：「為什麼那時的人會有這樣的崇拜呢？」

　　「因為那時是沒有科學或幾乎沒有科學的時代，只有在那樣的時代，人們才會幻想自己的某個同類是神或先知。」一名同學回答道。

　　「是的，隨著時代的發展，科學的進步，我們的英雄種類也發生了變化。」卡萊爾老師道，「到了近代開始出現詩人、教士、文人、君王。詩人英雄的代言人是但丁、莎士比亞；教士的代言人是路德、諾克斯；文人的代言人則是約翰遜、盧梭、彭斯；君王的代表人物是克倫威爾、拿破崙、腓特烈二世。」

　　「同學們，為什麼他們是英雄，而不是別的什麼人是英雄呢？」卡萊爾老師問道，「換句話說，這些英雄是透過什麼方式來統治世人的呢？」

　　一名同學回答道：「我覺得詩人英雄能控制人心是透過自然的力量，如果說《神曲》是音樂，那麼詩人就是靠彈奏這『樂章』來統治人心的。」

　　卡萊爾老師點頭道：「是的。所以說詩人對世人的統治力量比神靈、先知更強大，因為歌德曾經說過『美比善更強大，美包括了善！』」

　　「老師您的意思是神靈和先知主要從善的方面統治世人，而詩人則從美的方面統治世人，並且美包括了善，但是善卻不包括美？」另一名同學問道。

　　「是的。」卡萊爾老師道，「你們想想，文人又是透過什麼來統治世人的？」

　　「老師，我覺得是著作權。」一名同學道。

　　「應該還有版權。」另一名同學補充道。

　　「並且，即便他們死了，著作權和版權還都在。」眼鏡妹補充道。

「說得很好。」卡萊爾老師稱讚道,「最後,君王的『神聖權力』是靠投票箱、議會辯論、選舉等形式就獲得的嗎?」

「老師,他們不就是這樣獲得的嗎?」一名同學詫異道。

卡萊爾老師回答道:「當然不是,君王的權力其實是以道德為本質的一種權力。」

「老師,您講了六種不同類型的英雄,並且分析了他們各自統治世人的方式,那麼在您眼中,英雄是神嗎?」一名女同學問道。

「你們覺得英雄是神還是人呢?」卡萊爾老師反問道。

「我們現在的科技都這麼發達了,怎麼還會認為有神的存在呢?」一名同學說道。

「很好,我也認為英雄跟眾人一樣,也是有血有肉的人,不過他們具有超凡的才能、智慧和道德,是這些讓他們變成了英雄。」卡萊爾老師說道。

「我覺得只有極少數人才具有這樣超凡的能力,才能洞悉世界的奧祕,並由這極少數的人將這奧祕傳授給眾人。這些極少數的特殊人,就是受命於天的英雄。」

「老師,您把英雄說得好神奇!您能具體跟我們說說英雄到底是什麼樣的嗎?這樣我們才能分辨誰是英雄,誰是狗熊啊。」那名之前提問過的女同學執著地追問道。

第二節　尋找「蓋世英雄」

一位男同學取笑道：「難道你想透過老師的解說，去尋找你的『蓋世英雄』？」

那位女同學害羞了下，瞪了那位男同學一眼，生氣道：「你胡說什麼！」

李彤心裡樂開了花，那位男同學的話點醒了自己，哈哈，下次別人再問自己喜歡什麼樣的，就把卡萊爾老師口中的英雄畫像丟給他們，省得自己再苦思冥想了。

卡萊爾老師笑問道：「你們心中的英雄是什麼樣的呢？」（如圖 9-2 所示）

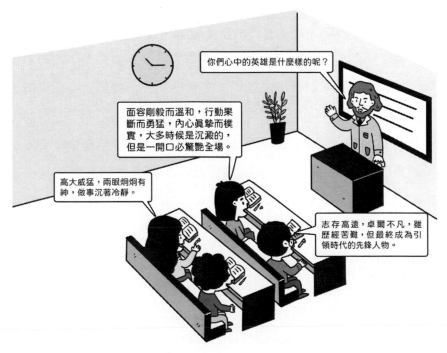

圖 9-2　「蓋世英雄」的樣子

「志存高遠，卓爾不凡，雖歷經苦難，但最終成為引領時代的先鋒人物。」

「高大威猛，兩眼炯炯有神，做事沉著冷靜。」

「面容剛毅而溫和，行動果斷而勇猛，內心真摯而樸實，大多時候是沉默的，但一開口必驚豔全場。」

卡萊爾老師笑道：「你們說的都是英雄的一些特質，能成為英雄肯定在各方面都是優秀的，他們身上往往同時具備政治家、思想家、哲學家的特質，但這些都不是能成為英雄的根本原因，不是英雄的本質。」

「老師，那您覺得英雄的本質是什麼？」一名同學問道。

「我認為是真誠，只有真誠這個本質特徵才能將各種類型的英雄都包括在內。」看到同學們迷茫的表現，卡萊爾老師只得繼續解釋道。

「像最初的神靈和先知，他們的身上既有稚童的新鮮感，又有誠摯的深刻性。奧丁承認自然的神聖性，這是真誠的體現，後來先知穆罕默德進一步展現了這種誠實的特質，那些多變的世俗形像其實都包含在真誠的特質之中。」

眼鏡哥接著說：「我記得老師您是這樣稱讚穆罕默德的：『雖然穆罕默德沒受過任何教育……不會寫字，但是不影響他的真誠，他從不說假話。』您還說『他只能是一個真誠的人，是大自然指定他成為誠實的人……這種誠實是一種非常真實的神聖的東西』。」

卡萊爾老師點頭道：「只有具備真誠的特質，才能跟自然界進行交流，才能領悟自然的奧祕。真誠是不同類型英雄的首要特徵，是他們一切言行的基準。」

「老師，您的真誠到底何解？」一名同學問道。

卡萊爾老師道：「真誠就是發自靈魂深處的同情，想要堅持真誠，只要依靠自己全身心的觀察和感受就可以做到。被我稱為英雄的那些人，無一例外都是真摯、虔誠的楷模，你看，君王英雄克倫威爾多麼『粗魯樸實』，拿破崙有一種比他的教養更好的真誠本能，真誠是英雄諸多特質中最本質的形態。」

一名同學問道：「老師，您的意思就是成為英雄的首要條件就是真誠？」

卡萊爾老師道：「這是毋庸置疑的。只有具備深刻、偉大、真誠的人，我們才可以稱他們為英雄。」

「老師，如果說英雄就是真誠的人，那為何我們不能成為英雄呢？」一名同學問道。

「因為不是天選之人。」卡萊爾老師回答道。

「前面我們說過，真誠是一切英雄的首要特點，但並不是說只要是真誠之人就是英雄，並且我所說的真誠之人是那些認真做事的人。」卡萊爾老師解釋道。

「老師，您不知道，現在像您所說的真誠之人幾乎絕跡了，很多人都不再踏實做事，大家都戴著面具。唉，這個社會還有救嗎？」一名同學問道。

「我非常討厭虛偽之人，他們就是邪惡的怪物，是世人共同的敵人。如果一個社會成了虛偽、做作的世界，那麼這就是一個正在腐敗的世界，這時如果沒有真誠質樸的英雄降臨，帶領大家拋卻一切形式主義的華麗外衣，那麼這個世界將難逃滅亡的厄運！」

「老師，您這個說得有點危言聳聽了吧。您當年在『法國大革命』時就曾委婉做出預言，說如果不改良社會，讓有才能的英雄帶領著度過難

關，那麼英國將面臨法國大革命期間的革命，在革命的風暴中化為灰燼。但是，您的預言並沒有實現。後來，您又對英國做了一次預言，但是英國依然平穩度過了難關，並且經濟還出現繁榮景象，人民生活水準也得到了提高，您又一次預言失敗了。」眼鏡哥說道。

卡萊爾老師有些悲傷地說道：「當時的情況確實是這樣，所以最後我也不再預言了。不過這些事實並沒有讓我改變自己的判斷，我覺得『神聖天意』依然是存在的，如果大家不能主動尋找一位合適的領袖，那麼這位受命於天的領袖將會以一副冷酷的面孔出現。」

「老師您說的『冷酷面目』難道是指法西斯嗎？老師您知道嗎？您的『獨裁式的英雄』非常受法西斯分子的喜愛，所以您被人稱為法西斯主義思想家。」一名同學道。

「這個也是在所難免。沒有誰是完美無缺的，即便是那些英雄，何況我呢？」卡萊爾老師無奈道，「同學們，很多英雄都有這樣或那樣的缺點，但這並不影響他們成為英雄。」

一名同學笑著說：「所以，美女們，當你們遇到沒有踏著七彩祥雲，卻具有真正真誠特質的人時，不要輕易錯過啊，也許他就是你的『蓋世英雄』，能帶你一起去創造一部世界歷史！」

第三節　世界歷史就是英雄的歷史？

「一位英雄就能創造一部世界歷史？」李彤詫異道。

「在我看來，所謂的世界歷史就是人類在這個世界已經完成的歷史，歸根結柢就是那些英雄耕耘過的歷史，也就是說世界歷史就是英雄的歷

史。」卡萊爾老師道，「這些英雄是人類的領袖，他們是傳奇式的人物，是人類爭相效仿的楷模，也可以說他們就是創世主。」

　　一名同學道：「英雄對這個世界的作用非常重要，並且在各個領域做出了重要的貢獻，對於英雄的事跡大家也是稱讚不已。老師您也在自己的作品中對各路英雄進行了讚揚，對他們的貢獻做了充分的肯定。」

　　「是的，我要讚美一下我認為的那些英雄，讚美他們的名望和功績。」卡萊爾老師激動地用拐杖敲著黑板道，「我覺得他們就像北極星一樣，能穿透雲霧，為人類指引方向。」

　　卡萊爾老師接著說：「我覺得英雄崇拜是一個永恆的基石，這個基石是近代革命史上的一個固定點，如果沒有這個唯一有生命力的基石，歷史將會無根無基。」

　　「老師，您之前說過英雄崇拜自古就有，並且會一直存在下去，但是我覺得我們現代社會好像已經沒有了英雄崇拜，大家崇拜那些有錢人、名人，這樣的崇拜是正確的嗎？我們時代的英雄到底是誰呢？那些人真的值得我們崇拜嗎？我很困惑。」一名同學說道。

　　「英雄崇拜和人類歷史是同在的，只要有人，英雄崇拜就會存在。英雄在各個時代都以不同的形式出現，你不用太過糾結他們存在的形式，只要他們符合英雄的定義那就是英雄，就應該受到崇拜。」卡萊爾老師道。（如圖 9-3 所示）

　　「如果你們覺得現在已經沒有了英雄崇拜，那麼可能是你們已經沒有了信仰或者沒有了英雄。」卡萊爾老師嘆了一口氣道，「要知道，一個沒有英雄的時代是必然會走向毀滅的。」

歷史學家說：
英雄崇拜自古就有，只要有人，英雄崇拜就會存在。英雄在各個時代都以不同的形式出現，只要他們符合英雄的定義那就是英雄，就應該受到崇拜。

圖 9-3　英雄就應該受到崇拜

「但是，如果一個不是注定要毀滅的世界開始變得邪惡和困惑時，自然就會迫切地向那些英雄求助，有時甚至透過強制的方式，讓英雄帶領這個世界度過災難。不過當這個英雄墮落，不再是英雄時，世界將再次走向邪惡，這時自然也會迫切地將這些人趕下臺，尋找新的英雄。」

「老師，您的意思就是我們這個世界是毀滅還是生存，主要取決於少數的英雄？」一名同學問道。

「是的，我認為世界歷史就是英雄的歷史。」卡萊爾老師坦言。

「老師，我覺得人類歷史絕不是幾個偉人就決定的，而是由集體主宰的。」一名同學道。

「可能我們所生活的年代、所處的環境和所接受的教育不同，所以我們的認知也會不同，我們還是各自保留自己的見解吧。」卡萊爾老師平靜地說。

一名同學道：「老師，您正好處在人們對科學進步的盲目崇拜時代，

那時人們高舉『理性』和『進步』的大旗，為新生的資本主義搖旗吶喊，而您卻批判說『理性至上的原則抹殺了人性，將人變成了機器，變成了工具；而實用主義必然使人淪為金錢的奴隸；懷疑主義會讓人喪失對上帝的信仰』。您對懷疑主義和理性進行了猛烈抨擊，我覺得您說得很有道理。其實我們現在也有這樣的情況，您有什麼好的解決辦法嗎？」

「謝謝這位同學。」卡萊爾老師笑道，「我只能根據我當時的情況來提，畢竟現在的社會已經改變很多。我覺得面對社會道德的日益缺失，我們可以用勞動去挽救。勞動具有神奇的作用，一個人即使忘記了他的職責，但只要認真工作，他還是會有希望的。只有懶散，人才會絕望，而勞動卻會將人引向真理。你們記住，工作會給我們帶來幸福和安寧。」

一名同學道：「老師，您的這個觀點我深有體會。有一段時間我很頹廢，覺得做什麼都沒意思，總也感覺不到快樂。後來，我被朋友逼著去他的公司上班，忙起來後，我居然好了。」

一名同學問道：「老師，您將英雄分為六類，在您心裡，這六類英雄的重要性是一樣的嗎？」

「在不同的領域，不同類型的英雄其重要性是不一樣的，最重要的是君王型英雄。為什麼這麼說呢？因為我認為人們的最高行為道德就是統治和服從，而君王型英雄集各種英雄特質於一身，所以其他人要服從他的意志，並以獻身服務於他而自豪。」卡萊爾老師答道。

「為什麼會有人鬧革命？」卡萊爾老師問。

「因為統治者無能，讓大家吃不飽、穿不暖，活不下去了。」一名同學道。

「統治者無能是一方面，還有一方面就是英雄人物並沒占據統治地位，所以世界才發生驟變，要把英雄推到應有的位置。」卡萊爾老師補充。

「每一個時代都產生不同類型的英雄人物，但每個時代對英雄的接受方式不同，有的時代因為沒有識別英雄的慧眼，所以對英雄視而不見，對英雄人物傳達的神聖天意置若罔聞，於是就會陷入虛偽、混亂之中，革命隨之爆發。這是上帝對人們沒有識別出英雄的懲罰，也是借革命之勢讓人們重新發現和重用英雄。」

「老師，我覺得世界歷史的不斷發展是因為自然界有其固定的規律，這是不以人的意志為轉移的，對於您的觀點 —— 歷史的發展是因為『自我』意識的活動而實現的，我不同意。還有您所謂的『神聖天意』恕我無法苟同。」眼鏡哥說道。

「對於歷史每個人都有不同的看法，我不強求大家的觀點都能跟我的一樣。」卡萊爾老師微笑道，「不管怎樣，我仍然認為當社會陷入混亂時，唯有英雄的降臨才能拯救這個世界。不管這些英雄是以文人的形式出現，還是以傳教士的形式，又或是君王的形式，他們的目的是一樣的，都是為了拯救這個世界。」

第四節　浪漫主義的歷史寫法

「老師，根據您對英雄的論述，您本身也具備那些英雄的特質。比如，在您找到自己的精神信仰後，您從來沒有動搖過；您能透過世界的表象看到世界的本質，能從過去的歷史看到現在及未來，能看到問題並能提出解決的辦法。當時英國危機重重，民主主義大行其道時，您能有勇氣逆勢提出自己的英雄崇拜和恢復等級秩序來救世的觀點。這些都說明，您其實就是文人型的英雄啊。」眼鏡妹稱讚道。

聽到這樣的稱讚，卡萊爾老師欣慰地笑了笑，然後謙虛地說：「我不

可避免地也有自己時代的缺陷，畢竟已經過去了幾百年，一些觀點現在已經過時了，在學習的時候，你們要注意辨別。」

看了教室的同學一眼，卡萊爾老師苦笑道：「有一些歷史學家認為我的作品文學價值遠大於歷史價值，難道就因為我的文筆好？這也有點太氣人了。其實他們的眼光只要離開狹隘的專業化歷史學，投射到更加廣闊的歷史學中，就能理解我這種浪漫主義史學派的寫法了。」

「老師，當時歷史學正經歷轉變，以蘭克為首發展的專門用來確定歷史證據的一套標準方法在英國還沒有確立，並且把歷史學當作純文學分支的想法也在改變，當時歷史學應該處在步入專業化的過渡時期。」一名同學解釋道。

「是的，我了解到了歷史觀念和歷史寫作的轉變，以及轉變過程中可能出現的問題。」卡萊爾老師點點頭，「於是，我重新思考了關於歷史的一些問題，然後形成了自己的看法以及寫作方法。我承認，我的作品中有文學色彩，但是我始終保持對真實的追求。其實，正是因為對真實的追求，才讓我從事歷史寫作的，為了更準確地表達出歷史的真實，我才努力創造出一些歷史的寫作方法。」

「老師，您能為我們講講您獨特的歷史寫作方法嗎？」一名同學問道。

「在講述寫作方法之前，我想問問你們，歷史資料是越多越好嗎？」卡萊爾老師問。

「歷史講究真實，史料越多，我們知道的就越多，這樣就越真實。」一名同學答。

「但是，資料太多也不一定就是好事，有時忙於了解太多細節，反而忘記了整體脈絡。」李彤說道，因為有時她就會有這樣的情況。

卡萊爾老師道：「資料太多未必就是好事，有時會給寫作者帶來焦

慮，因為歷史不是資料的直接堆積，還需要史學家進行編排。為了讓歷史被大家理解，史學家必須把複雜混亂的資料按照一定的秩序整理好。這就需要史學家對選擇什麼資料要有自己的價值標準。不同的歷史學家，因為價值標準不同，可能會增加也可能會遺失很多東西。」

「老師，您總能在混亂不堪的資料中找到對自己有用的資料，並發現它們新的意義。」一名同學羨慕道。

「選擇資料時想想自己的價值觀，多練習，你也能做到的。」卡萊爾老師安慰道。

「一個歷史學家想要精準地寫作歷史，首先要確定自己的研究立場，就像我的寫作立場就是對歷史真實的追求，為了將歷史真實地寫下來，我採取了一系列的方法。」卡萊爾老師接著說。

「比如，在描寫上我採用了全景視野的方式，交替使用近景和遠景，有時還會運用跳躍的手法，不斷變換描寫的對象和重點。我不斷轉移讀者的視線，讓他們能看到事件和場景的各個側面，這樣就能給讀者一個身臨其境的感覺，讓他們對事件和場面有更全面的認知，從而迫使他們形成自己的看法。」（如圖 9-4 所示）

眼鏡妹道：「老師，您在《法國革命》中的一段描寫給我留下了深刻印象：『一個官員被殘忍殺害了；又一個傷員被吊死在路燈支架上；雖然有很多困難，但是法國衛兵還是堅持去解放其他的倖存者。弗勒塞爾的市長面色灰白，但不得不從椅子上走出去，去接受審判，不過他剛拐進一條大街，就被人一槍打死了。七月的落日啊，就在這一刻，把它的光輝灑向寧靜田野中那些收穫者的身上：灑在小屋中紡紗的老婦人身上、灑在大海深處的點點白帆上、灑在凡爾賽宮的橘樹園中、灑在那些濃妝的貴婦同輕騎兵的舞姿上……』」

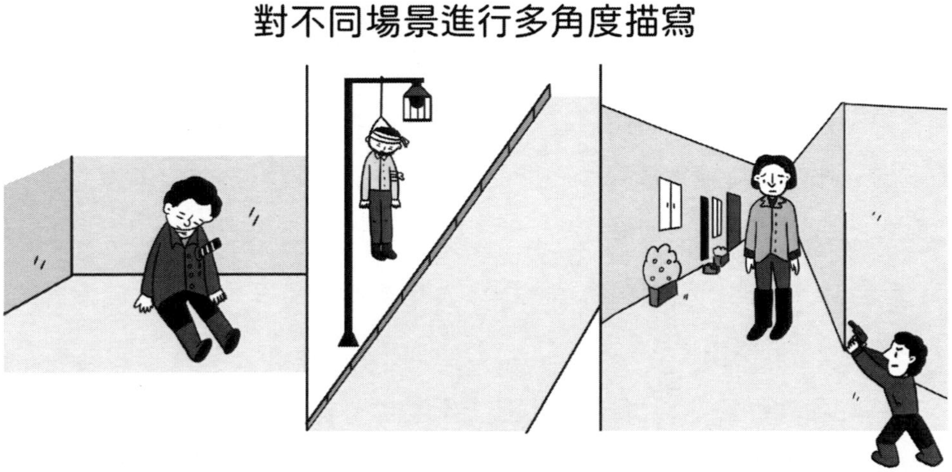

對不同場景進行多角度描寫

圖 9-4　卡萊爾歷史寫作中的幾個場景

　　眼鏡哥趕緊評判道：「老師您這描寫也太絕了！就像電影的蒙太奇手法，透過不停地轉換鏡頭，讓層層畫面在我們眼前徐徐展開，有靜止的，有動盪的；有局部的，也有全景的。讓我們看到一個立體、生動的畫面。」

　　「對於我認為不重要的細節和場景，我沒有根據常規那種連續的寫法，而是採取跳躍的方式，可能有人會覺得不連貫，但是我覺得這樣會造成戲劇性的效果，從而給讀者留下深刻的印象。」卡萊爾老師道。

　　「為了避免語言敘述的直線性，我有時也會用第三者的身分去說話，這時我既是敘述者，也是筆下的任何一個歷史人物。透過這種方法，我可以站在一旁去評判我筆下人物的功與過，可以對他們進行讚揚或譴責。我會透過『聽』『看』『注意』等詞語給大家以提示，有時我也會邀請讀者加入進來。」

　　「老師，您是一個把歷史當作預言的歷史學家，這就要求您在敘述的時候要模糊或消除過去和現在之間的界限，您是怎樣做到這一點的呢？」一名同學問道。

卡萊爾老師解釋道：「我是透過不斷轉換時態做到的。在寫作過程中，我使用了過去時、現在時和將來時。透過第一人稱的敘述方式，讓敘述者和過去的行動者變得難以區分，從而把讀者的注意力吸引到當前正在講述的事件上，讓讀者感覺事件正在發生，同時又告訴讀者這不是真的正在發生的事，這只是一段歷史。」

「老師，您的風格太獨特了，很多人想要模仿卻不得其法，感謝您的分享。」一名同學道。

卡萊爾老師笑道：「同學們，歷史學家也有藝術家和匠人之分，通常匠人只關注細節看不到整體，也不覺得有整體；而歷史學中的藝術家因為有整體的觀念，使得一個卑微的領域變得崇高起來。我希望你們以後都能成為有整體觀念的歷史學家。」

第十章
修昔底德老師講《伯羅奔尼撒戰爭史》

本章透過 3 個小節介紹了古希臘史學家修昔底德，講述了他在面對幾乎波及當時整個希臘世界的伯羅奔尼撒戰爭時是如何進行歷史記錄的，他從這場大戰中又看到了什麼樣的人性，最後對所謂的「修昔底德陷阱」進行了分析。

修昔底德

> （Thucydides，約西元前 460 至前 400 或前 396 年），雅典人，古希臘歷史學家、文學家和雅典十將軍之一，被稱為「歷史科學之父」「政治現實主義學派之父」。
>
> 修昔底德出生於雅典一個貴族家庭，從小受到良好的教育。他生活在雅典的極盛時期，當時也是古希臘文化的全盛時期。伯羅奔尼撒戰爭爆發時，他投身軍營，在西元前 424 年被選為雅典「十將軍」之一，後被革職放逐，直到戰爭結束才得以回到故鄉。

第一節　為了實事求是我願以身試險

　　這個禮拜六，李彤吃完早飯就直奔 A 大教室。今天來得太早了，其他人都還沒來，李彤閒得無聊就拿出自己買的歷史書籍看起來。老實說，李彤覺得這些書真的太枯燥了，全是理論，很難讀下去，果然沒一會兒她就跟周公相會去了。

　　被小安拍醒的時候，李彤正夢見自己騎在馬上奮勇殺敵，那廝殺聲好像還在耳邊，一看原來是旁邊同學的手機正在嘶啞地叫。

　　戴上頭盔之後，李彤發現自己出現在海邊，陽光灑在海面上波光粼粼的，有海鷗從海面一掠而過，又飛向遠方。正當大家沉浸在美景中時，一聲咳嗽從後面傳來，只見一個長滿絡腮鬍的男子走了過來，李彤覺得他的打扮跟希羅多德老師很像。

　　「終於把你們盼來了，我的朋友。」那男子熱情道，「我是修昔底德，

土生土長的雅典人。聽說之前希羅多德也給你們上課了。關於他對戰爭的描寫，我建議各位當成小說看會更合適。」

看到同學們沒有什麼反應（主要是大家還在震驚之中），修昔底德老師大聲道：「關於戰爭的敘述，我的一個原則就是：我所描述的事件，不是我親眼看見的，就是我從那些親眼看見這些事的人那裡聽到的，並且我不會僅憑自己的一般印象就作出取捨，我還會進行仔細考核。我不會像某些人那樣，從哪裡偶爾聽到一個故事就寫下來。我寫的歷史大家讀起來可能會覺得不太吸引人，因為這裡沒有虛構的故事。」（如圖 10-1 所示）

我所描述的事件是我親眼所見

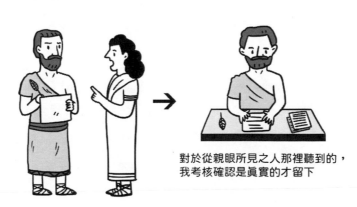

對於從親眼所見之人那裡聽到的，
我考核確認是真實的才留下

圖 10-1　修昔底德的實事求是

停頓了一下，修昔底德老師接著說：「但是，如果你想了解那時真實的事件，想根據過去的事實判斷將來會發生什麼，我覺得我的著作還是有點作用的。」

反應過來的眼鏡哥趕緊道：「老師，您嚴謹的態度我們後世之人非常認可，要不怎麼會稱呼您為『歷史科學之父』呢？」

聽到這個稱呼，修昔底德老師像個孩子似的開心地笑了。這時，一名同學問道：「老師，您是怎樣收集到那麼多真實詳盡的資料的呢？」

修昔底德老師驕傲地說：「因為我在成齡後親身經歷了那場戰爭，並且戰爭剛剛爆發時，我就了解到這是一場偉大的戰爭，這次戰爭比以往任何一次戰爭都更具記載價值，所以那時我就注意收集和整理，關心戰局的變化，並做好了寫作的計畫。」

「老師，您這也太厲害了，您怎麼就知道這將是一場史無前例的大戰呢？」一名同學好奇道。

「根據事實，用腦子分析出來的。」修昔底德老師道，「當時我看到備戰雙方都竭盡全力，並且全希臘其他的國家不是加入這邊，就是加入那邊，沒有參戰的國家也正在準備參戰。從這些事實我了解到，希臘人歷史上最大的動亂即將開始。我想把這樣的大戰爭如實記錄下來，讓後來人能從這次戰爭中得到經驗和教訓。」

「看來一部偉大的作品，從一開始就注定了。我知道老師您在寫作中始終堅持對史料進行分析和判斷，並且只寫這場戰爭及與戰爭有關的內容。在您的著作中，您還勇敢地否認了神諭的作用，用非常理性的態度去分析整場戰爭的來龍去脈，從人力、物力、財力等方面去論述戰爭勝敗的原因。」眼鏡妹讚嘆道。

「老師，聽說您還親自指揮了其中的一場戰鬥？」一名同學問道。

「是的，當年我作為『十將軍』之一，曾經帶領艦隊，駐紮在你們現在站的這個島上，這讓我有機會更加詳盡地了解這場戰爭。不過後來因為一些原因我被革職並流放到色雷斯了。」修昔底德老師不無遺憾地說。

「應了你們中國那句老話 ── 『塞翁失馬，焉知非福』，也正是因為這流放的 20 年，讓我這個流放者能夠了解到雙方的行動，並讓我有時間去認真思考它們，並將它們記錄下來。」修昔底德老師微笑道。

李彤心想，生活有時還真是這樣，當時覺得很倒楣的事，後來想想卻是好事。就像自己，就因為經常被劉記批評，才有機會來這裡學習，才讓自己從內心發生了很大的改變。

「老師，在您的作品中有很多演說辭，比如伯里克里斯在陣亡將士墓前的著名演說：『我們的制度是別人的模範，它為什麼被稱為民主？因為它的政權掌握在全體公民手中，而不是少數人手中。每一個人在法律上都是平等的，在讓某人擔任公職的時候，考慮的是他們是否真正的才能。任何人，只要他對國家有貢獻，就絕不會因為貧窮而在政治上默默無聞。』我想問一下，這些演說詞真的就是那些人自己說的嗎？」眼鏡妹問道。

修昔底德老師解釋道：「關於這點，我想申明一下，在我的著作中，我利用了一些現成的演說辭，它們有些發表在戰爭前，有些發表在戰爭中。對於我自己聽到的原詞原句，有些已經很難記得了，從其他地方聽來的也存在這樣的問題。對於這些演說辭我採用的處理方法是：在儘量保證演講者實際大意的情況下，儘量採用我認為他們在不同場合下應當要說的話。」

眼鏡哥誇讚道：「老師，對同時代的事件您是慎重而科學的，您不輕信傳聞，只記載親身經歷和調查過的事實，可以說您的治史態度是科學嚴謹的。後世很多史學家對您的著作極為推崇，您的一些觀點直到現在還非常有意義，比如人性、正義、修昔底德陷阱等。」

第二節　人性的悲涼

「是啊，在西元前 5 世紀，老師就在書中討論了各式各樣的人性，真是太超前了。」一名同學感嘆道。

「同學們，你們說說人性是什麼呢？」修昔底德老師問道。

「人性就是人的本性。」一同學回答道。

修昔底德老師追問：「為什麼在戰爭中更能看清人性呢？」

「戰爭是殘酷的，不是你死就是我亡，在這種生死狀態下，人的自然本性往往會直接表露出來，沒有什麼隱瞞。」眼鏡妹分析。

「是的，在戰爭中人性的優劣會毫無保留地暴露出來，可以說在戰爭這個大舞台上上演的，其實就是淋漓盡致的人性百態。伯羅奔尼撒戰爭從爆發、發展到最後都是人類群體活動的結果。」修昔底德老師道。

「老師，您用犀利的筆道盡了人之百態，寫盡了人的善惡。」一名同學說道，「您說說您所謂的人性吧。」

「在這場大戰中，雖然也看到了人性的善良與智慧，但我更多地看到了人性的悲涼。」好像陷入了可怕的回憶，修昔底德老師緩緩道，「你們覺得伯羅奔尼撒戰爭爆發的原因是什麼？」

一名同學回答道：「依我看，發動戰爭主要是因為貪婪，就像有些國對周邊其他國家發動戰爭，不就是因為想搶占土地嗎？還假惺惺地說實現什麼民族統一，這也太虛偽了。」

「是啊，總有一些虛偽的人，打著各種幌子去侵略別人的國家，還說是為了別人好。」另一名同學附和道。

「看來人的共性直到現在還沒變。」修昔底德老師感嘆道，「不管什麼時候，對強權和財富的追求永遠是人的共性。」

　　「引發伯羅奔尼撒戰爭的根本原因就是利益和權勢。在波西戰爭後，雅典開始不斷擴張，對盟邦非常專橫，不允許盟邦背叛和退出。因為盟邦需要交納同盟貢金，而同盟貢金對雅典的發展壯大提供了必要的資金支持，也是雅典用來加強軍事力量、維護城邦安全的一個保障。這樣重要的貢金，雅典怎麼可能輕易放棄呢？雅典還希望能獲得更多的貢金呢！這就是人性對財富、權力貪婪的表現。」修昔底德老師分析道。

　　「老師，斯巴達當時的軍事力量也很強大，在伯羅奔尼撒半島上它保持著霸主的地位，對於希臘的崛起它肯定不會坐視不理啊。」一名同學道。

　　「是的。其實不止雅典和斯巴達有稱霸擴張的野心，其他城邦一樣也想，只是它們的實力還不夠，沒敢太明顯地表現而已，像科林斯、底比斯、敘拉古等，如果它們當時有希臘和斯巴達那樣的實力，肯定也會不斷擴張稱霸的，這就是人的共性 —— 貪婪造成的。」

　　「老師，其實在我們這個時代貪婪也很常見，經常看到有人為了錢財而殺人的新聞。」一名同學道。

　　「是啊，這樣的事從古到今一直不斷，只要人的劣根性還在，這樣的事就無法避免。其實，無論是城邦間的戰爭還是內部的鬥爭，即便是個人之間的衝突，歸根結柢就是因為貪慾在作怪。一切罪惡產生的根源就是貪慾引起的統治欲。」修昔底德老師道。（如圖 10-2 所示）

歷史學家說：
無論是城邦間的戰爭還是內部的爭鬥，都是因為貪欲產生的。一切罪惡產生的根源就是貪欲和野心引起的統治欲。

圖 10-2　貪慾和統治欲是一切罪惡產生的根源

「老師，在您的著作中，您覺得弱者屈服於強者是應該的，是沒有違反人性的。」一名同學道。

「在我生活的那個時代，弱肉強食是人性的正常表現，也是城邦或者個人行為的一個原則，並沒有違反當時的道德標準，因為弱者屈服於強者是早就存在的法則。」修昔底德道。

「那麼，老師您覺得希臘對其他城邦的征服也不應該受到譴責唄？」那名同學繼續追問。

修昔底德回答道：「對於那些渴望統治別人的人，我是不譴責的。但是對於那些不戰而屈的人，我是譴責的。因為想要統治那些屈服的人，這是人性的本能之一。」

「老師，您贊同強權，鄙視懦弱，這點我不認同。我覺得您這是給雅典的擴張和稱霸洗白，這樣雅典在戰爭中就能以正義者的面孔出現，就能在道義或輿論上站穩腳跟，從而保證將士們昂揚的鬥志，打得理直氣壯。」那名同學激動地說。

「我們的立場不同，所以見解也會不同。」修昔底德老師訕笑道。

「但是，老師您是歷史學家啊，您應該公正地看問題，而不是帶著自己的立場去寫歷史。」另一名同學道。

「很抱歉，關於這點，我沒有做好，可能主要是源於我的私心吧。希望同學們以後從事歷史寫作的時候，不要步我的後塵，能客觀公正地去書寫歷史。」

「老師，您當時怎麼會想到從人性論方面來分析伯羅奔尼撒戰爭呢？」眼鏡妹問道。

「當時戰爭造成的混亂，讓人的精神受到極大的考驗，在生存、權

力、利益、金錢的考驗面前，我看到了很多人性中的惡。比如，有背叛國家的，有見風使舵的，有兩面三刀的等等。看到雅典民主制度的衰落，我很悲哀，對雅典城邦中人性和道德的變化有深刻的體會。」修昔底德老師接著說。

「在這場戰爭中，我看到人性中的真、善、美逐漸被削弱，而人性中隱藏起來的醜與惡逐漸顯現。正常情況下，人是理智的，是按法律行事的，但是在戰爭這種極端情況下，人性是瘋狂的，是非理智的，甚至顯現出的激情是不可控制的，整個雅典是黑暗的、醜惡的。」

歇了一口氣，修昔底德老師接著說：「我想人性是相同的，以前的人，現在的人和將來的人都會犯類似的錯誤，因為人性總是容易犯錯的。我想將他們所犯的錯誤都記錄下來，希望後世的人能夠避免再犯類似的錯誤，再發生這樣的災難。」

第三節　修昔底德陷阱

「老師，您的想法很好，但現實很悲哀，直到現在您那個時代的錯誤還在不斷上演。」一名同學嘆道。

另一名同學問道：「是啊，就連老師說過的『使戰爭不可避免的真正原因是雅典勢力的增長而引起的斯巴達的恐懼』這句話，現在都變成了『修昔底德陷阱』。」

修昔底德老師驚訝道：「哦？居然有人發展了我的學說，說來聽聽。」

那名同學解釋道：「『修昔底德陷阱』意思就是，一個新興的大國必然會挑戰原來的霸權國家，霸權國家肯定會主動應對新興大國的挑戰，最後不可避免地發生戰爭。」

修昔底德老師疑惑道：「這跟我的戰爭分析又有什麼關係呢？對於伯羅奔尼撒戰爭我做了很多分析，為什麼他們對那些視而不見卻只挑出這句話呢？」

「因為這句話恰好是他們需要的，這也說明人在選擇資料上還是很主觀的。」眼鏡哥說。

「有道理。對於那場戰爭我還是簡單跟大家說說當時的情況吧。」修昔底德老師道。

誰是霸權國，誰是新興國？

雅典是海上霸主

斯巴達是陸上強國

圖 10-3　被曲解的「修昔底德陷阱」

「西元前 478 年，為了對付波斯帝國，雅典建立了提洛同盟，後來跟斯巴達聯手打敗波斯帝國以後，這個同盟就變成了雅典控制其他城邦的工具。其他城邦必須向雅典交納貢金，貢金對雅典的重要作用前面我已經講過，這裡就不再重複了。在伯羅奔尼撒半島上還有一個同盟組織，就是伯羅奔尼撒同盟，這是一個防禦性同盟，由希臘的另一個大國斯巴達控制。」

修昔底德老師氣憤道：「雅典和斯巴達是當時希臘幾百個城邦國家中實力最強的兩個，雅典以工商業為主，斯巴達以農業經濟為主，雅典是海上霸主，斯巴達是陸上強國。它們兩個根本就不存在誰是老的霸權國家，誰是新興國家，居然有人曲解了我的意思。」（如圖 10-3 所示）

停頓了一下，眼鏡哥接著說：「『直到後來，雅典的勢力達到頂點，並且雅典人開始侵略斯巴達的盟國了，斯巴達人覺得這種情形不能再容忍了，才決定發動這次戰爭。』」

眼鏡妹聽後疑惑道：「老師，透過您描述的戰爭發生原因，我覺得應該是雅典的『帝國主義』觸動了斯巴達人的根本利益，才導致戰爭的。因為雅典對斯巴達同盟國的侵略和干涉，嚴重損害了斯巴達人的利益，最後迫不得已斯巴達人才奮起反抗。」

修昔底德老師嘆息道：「其實雅典和斯巴達也不是兩個國家的直接對抗，他們還是同盟國，曾經並肩作戰打敗過波斯帝國，還簽訂了三十年的停戰協議。只是沒有外敵後，這兩個國家因為彼此間利益的衝突開始兵戈相向，這也是人性使然。現在格雷厄姆·艾利森提出這個什麼『修昔底德陷阱』又是出於什麼目的呢？」

一名同學搶著說：「最厲害的就是，他總結了歷史上無數次新興大國崛起時挑戰以往霸權大國的案例，得出結論 —— 這樣的情況大多以戰爭收尾。他還特別強調，第一次世界大戰就是因為新崛起的大國德國，想要挑戰當時的大國英國，最後造成了世界災難，他說這就像當年您寫的雅典挑戰斯巴達最後造成整個希臘受到重創一樣。」

「老師，現在這個『修昔底德陷阱』理論已經被當作國際關係的鐵律了。很多人都認為當一個崛起的大國和原來的霸主競爭時，雙方都面臨西元前 5 世紀希臘人的危險，最終以戰爭結束。」另一名同學補充道。

「這不是我的本意，我之所以詳細記錄這段歷史，就是為了讓後世之人從那場戰爭中吸取經驗和教訓，不再發動戰爭。」修昔底德老師苦笑道。

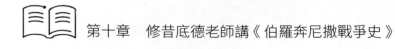

「因為我親歷了戰爭，我知道戰爭對人性的摧殘。也許有的戰爭一開始的動機是為了公平正義，為了民主，但是隨著戰爭的延續，所有的文明規矩都會被破壞，所有公平合理的理念都會被歪曲，最後指導原則變成了私利、憎恨和報復。在戰爭中，人的良知會被慢慢消耗掉，最後人會失去理智，將人性的邪惡完全暴露出來，戰爭就是殘暴的元兇。」

「我當時本意是想讓後人看到戰爭帶來的毀滅性災難，能夠和平相處，避免戰爭對人性的摧殘。看來，兩千多年過去了，我的願望還沒實現。」修昔底德老師殷切地看著大家，滿懷希望地說，「朋友們，聽說你們國家現在正在崛起，我希望你們能滿足我的心願！」

第十一章
顧頡剛老師講「民俗學」

本章透過 4 個小節主要介紹了中國史學家顧頡剛在民俗研究方面的成就，以及由他領導的「古史辨」運動。

顧頡剛

　　（西元 1893 年 5 月 8 日至 1980 年 12 月 25 日），字銘堅，號頡剛，筆名有誦坤、余毅、銘堅等，江蘇蘇州人。中國現代著名歷史學家、民俗學家，古史辨學派創始人，現代歷史地理學和民俗學的開拓者、奠基人。

　　1920 年，顧頡剛從北京大學畢業，先後在廈門大學、中山大學、燕京大學、北京大學、雲南大學、蘭州大學任職。新中國成立後，任中國科學院歷史研究所研究員、中國民間文藝研究會副主席、民主促進會中央委員等職。

第一節　民俗研究方法

　　時間過得飛快，轉眼到了中秋，那天李彤和李氏家族成員聚在一起歡度佳節。吃完晚餐，分享象徵團圓的月餅後，大家準備去海邊賞月。路上，小侄女瑩瑩問中秋節為什麼是八月十五，為什麼還要吃月餅，這個節日到底是從什麼時候開始有的。這些問題看似簡單，還真不好回答，不過幸虧有手機，否則還真被難住了。事後李彤想，如果自己去研究這些問題，應該怎麼做，從哪些方面入手呢？

　　禮拜六上課前，李彤就這個問題跟大家交流了意見，一些同學也跟自己一樣，不知道從什麼地方入手。中國的民俗博大精深，但是要怎麼去研究呢？

　　「同學們，你們好，我是顧頡剛。」李彤看到一個戴著眼鏡，穿著中山裝的老者站在一間教室裡。

「老師，您就是研究中國現代民俗學的顧先生？」眼鏡妹驚訝道。

顧頡剛老師點頭道：「不過，我主要還是研究歷史，研究民俗不過是想用民俗學的資料去印證古史，是作為歷史研究的輔助，所以我關於民俗的論著並不多。」

「老師，您關於民俗的研究方法是開創性的，對現在的我們依然有啟發意義，您能給我們講講嗎？」一名同學道。

「樂意之至。任何學科的振興和發展都不是靠一兩個頂尖人物就能完成的，而是需要團隊共同作戰。想要達到這一目的，首先要做普及工作，那就是培養人才。只要你們有興趣，我必言無不盡。」顧頡剛老師高興地說。（如圖 11-1 所示）

歷史學家說：
任何學科的振興和發展都不是靠一兩個頂尖人物就能完成的，而是需要團隊共同作戰。想要達到這一目的，首先要做前置作業，那是就是培養人才。

圖 11-1　學科的振興和發展需要團隊共同完成

「其實，當年我的民俗學研究就是這樣開展起來的。當時，我南下收集風俗物品，花了半年時間卻沒什麼成效。到了中山大學後，我們成立了『中山大學民俗學會』，網羅了中山大學的很多教職工，這樣民俗學很快作為一門現代學科被確定下來。」

「老師，聽說您當年研究孟姜女的時候有很多人幫助您。」一名同學說道。

「因為孟姜女的故事涉及很多地方，不僅要從歷代史書、筆記、類書、文學作品等大量資料中尋找，還要從社會上收集大量資料，依靠我一個人的力量肯定是做不到的。」顧頡剛老師道。

「當我發表《孟姜女故事的轉變》之後，全國各地的學者、民俗愛好者熱情地給我提供了大量的資料和線索，讓我的眼界和思路大開，才有了後來的《孟姜女故事研究集》。做民俗研究，你們絕對不要嫌棄資料多，不要覺得太多資料不好整理，這是取得偉大成就的前提。」

「老師，您在該書前言中請求大家隨時隨地替您收集孟姜女的相關資料，您還告誡大家千萬不要覺得資料普通、太小，或者您已經有了就算了，您說可能從很小的資訊中就能得到很大的發現，而那些重複的資料也是故事流行的證明。」眼鏡哥道。

顧頡剛老師說：「擁有原始資料是從事研究的硬體基礎。另外，各種學問都是相互關聯的，大家應該互通有無，分工合作。比如我的孟姜女研究可以給別的故事研究者提供形式和資料，同樣別的故事研究者也可以給我提供資料，這樣互通有無，那些無法單獨解決的問題也許就能解決了。」

聽到老師的這句話，李彤深有感觸，因為她們這一行業大家也會相互交流一些資訊，有時在別人那裡沒用的消息正好是她需要的，而她的東西有時也能給別人帶來靈感。

「老師，如果資料太多該怎麼處理呢？」一名同學問道。

顧頡剛老師回答道：「傳統史學觀是平面的，是一脈相承的，我們要換一種思路，用演變的眼光去看待古史的構成，並分辨出其中的層次及演

變的原因。我通常先對史料的年代做準確鑑別，根據先後順序將它們依次
排列起來。根據古史的發展，把每一次變異都放到特定的社會背景中，
結合當時的社會、政治、時尚、風俗等因素進行綜合考慮。」（如圖 11-2
所示）

　　眼鏡哥補充道：「就像老師分析孟姜女的故事，說：戰國時，齊都盛
行哭調，於是杞梁妻哭喪的題材就被廣泛採用；但是到了西漢，流行天人
感應，於是哭就變成了崩城的感應。」

　　「是的。」顧頡剛老師道，「因為各地的風俗會有差異，所以我們還
要從地域分布來看故事的流變。透過做這種地域分布圖標的比較分析，我
發現因為中國歷代政治、文化中心的變遷，傳說也會有若干個傳播的中心
點。當一個中心點形成的時候，這個傳說便會因為當地的時事、風俗、民
眾的感情影響而發生變異。並且在這個中心點周圍傳說是相對穩定的，但
是各中心點之間則會有很大的變異，於是就形成了不同的文字。」

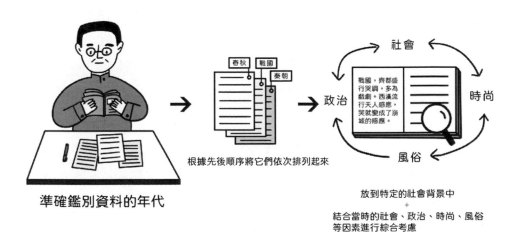

圖 11-2　資料的處理方法

顧頡剛老師接著說：「當然了，研究也需要實地調查和古籍記載相印證。比如我們要研究古代神話，有史書、筆記、圖畫、銘刻等素材；要研究現代神話，有廟宇、塑像、神、陰陽生、星相家、燒香人等管道。我們將這兩種相互印證，就可以借古知今，以今證古。」

「老師，您從戲曲和歌謠中得到研究古史的方法，但是您又用史學家的眼光和方法來研究民俗，這簡直是開創性的研究啊。」眼鏡妹誇獎道。

另一名同學問道：「老師，孟姜女是個廣泛流傳的故事，但是您的研究讓我們大開眼界，您能給我們講講嗎？」

第二節　孟姜女故事的轉變告訴我們什麼？

「是啊，老師您給我們講講吧！孟姜女的故事都已經流傳好幾千年了，您怎麼想到要對她進行研究呢？」另一名同學疑惑道。

顧頡剛老師道：「當年我看書的時候發現，宋代的鄭樵在《通志‧樂略》中指出『杞梁之妻，於經傳所言者不過數十言耳，彼（稗官）則演成萬千言』。這引起了我對孟姜女故事的興趣。後來又讀到清代姚際恆《詩經通論‧鄭風‧有女同車》中說『是必當時齊國有長女美而賢，故詩人多以「孟姜」稱之耳』。這說明還沒有杞梁妻的故事時，『孟姜』這個詞就已經流行了。對於『孟姜』演變年代這麼久遠，我感到很驚訝，於是就引發了對孟姜女故事的好奇心，於是開始收集跟孟姜女有關的資料，並對它們進行研究。」

「老師，您在《孟姜女故事的轉變》中，將孟姜女的故事從春秋到宋代的演變劃分為 6 個時期，利用 18 種文獻分析了故事的變化。孟姜女也從春秋時的不受郊弔，到了戰國時期的『哭之哀』，並衍生了很多版本；

西漢時變成了悲歌哀哭；東漢時增加了杞梁妻妹明月做歌，並且也從悲歌哀哭轉變為崩城，不過那城是杞城或莒城；到了唐朝時杞梁變成了秦朝人，梁妻妹的名字也改為朝日，所哭的城也變成了長城，故事的中心變成了『曠婦懷征夫』；到了北宋時，主要人物也從『杞梁妻』變成了『孟姜』。老師，您在每個觀點下面都寫上了自己的文獻資料，做得非常詳盡，讓我們很容易就能看到孟姜女故事的演變過程。」眼鏡哥讚嘆道。（如圖 11-3 所示）

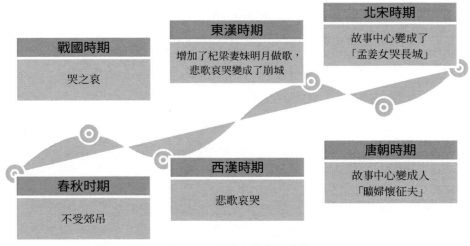

圖 11-3　孟姜女故事的演變

「同學們，從孟姜女這個故事的演變中，你們想到了什麼？」顧頡剛老師問道。

「既然故事都是不斷變化的，那麼那些傳說中的古史應該也是不斷變化的。」一名同學回答道。

顧頡剛老師道：「是的，故事是沒有固定體的，故事的整體便在前後左右的種種變化上。如果你們理解了這個故事的情況，那麼那些傳說中的古史，它們的意義和變化也是這樣的。如果你們能了解這個意思，那麼就能看出那些傳說中古史的真相，就不會再為那些古史所迷惑了。」

「所以，老師您要用民俗學來論證古史，是嗎？」一名同學問道。

「如果我們用故事的眼光去看那些古史，那麼很多記載就能解釋得清楚了。比如，看了八仙的結合，就能明白《堯典》裡九官的結合；看了薛仁貴、薛平貴的化名，就能明白伯益、伯翳的化名；看了諸葛亮的足智多謀，就能說明伊尹、周公的足智多謀；看了曹超、秦檜的窮凶極惡，就能說明桀、紂的窮凶極惡。」顧頡剛老師解釋道。

「你們知道了何仙姑為武平人，又為歙人，又為零陵人，就能明白孟姜女可以是杞人，又是同官人，又為澧州人，又為冀州人，也能明白舜妻為都於平陽的堯女，又為湘婦人，又為三身之國的母親。」

歇了一下，顧頡剛老師繼續道：「你們看，如果用這樣的方法再去看那些古史，就能把那些總也想不通的地方想通，從那些古史中處處發現民間故事的影子，用民俗故事去論證古史這個辦法還是可行的，所以我敢大膽打破舊有的古史系統。以後，我對古史的主要關注點，不再是它的真相，而重在它的變化。」

「老師，經過您的分析，我也覺得用故事流變的眼光去解釋古史蠻好的。」一同學附和道。

顧頡剛老師道：「比如『匡人圍孔子，子路奮戟將與戰，孔子止之曰：「歌，予和汝」，子路彈琴而歌，孔子和之；曲三終，匡人解甲而哭』。其實這不就是諸葛亮『空城計』的先型嗎？這些事，我們從史實的角度去看，肯定覺得是謬論，但是，如果用故事的眼光去看，就非常合理了。」

「可惜啊，一些學者只關注朝章國故，而不注意民間傳說，結果錯失了很多好資料。所以，你們在研究歷史的時候，一定要結合民間故事，用民俗去論證古史。」顧頡剛老師感嘆道。

「老師，有人對您寫的孟姜女故事的評價是『不在言人之所不知言，

而在言人之所不能言』，我覺得這個評價太精闢了，孟姜女這個民俗故事是我們從小就耳熟能詳的，但我們從來沒想過要去研究它。您不但研究了，還用這樣特別的方式。尤其讓我震撼的是您用民俗故事論證史學的觀點。透過您的提示，我又發現了一個研究史學的方法。」眼鏡哥激動地感慨道。

李彤也不禁讚嘆道：「是啊，老師您的講解讓我有醍醐灌頂的感覺，我完全可以從那些有意思的故事、民間傳說還有中國的傳統文化、節日等中去了解歷史，這樣我就可以避開那些枯燥的、厚厚的歷史書籍了。而且您這種從另外的角度出發去論證一件事情的方法，還讓我想到以後面對無法理解的事情，我們完全可以從其他方面入手。謝謝您，老師。」

聽到同學們的感嘆，顧頡剛老師笑著說：「能對你們有所幫助有所啟發，我覺得很開心。」

第三節　「疑古」與辨偽：古史辨運動

一同學問道：「老師，聽說您還是古史辨學派的創始人，您能給我們講講當時的這一運動嗎？之前聽李濟老師的課，他當年從事考古也受到『疑古派』的影響。」

顧頡剛老師看著講臺下的同學問道：「你們有誰知道當年的『古史辨』運動嗎？」

一同學搶著說：「1923 年，老師您給友人錢玄同寫了一封論史的信，裡面談到了古史辨偽的思考和計畫，還提出了『層累地造成的中國古史』的觀點。」

「老師您這個觀點是什麼意思呢？」另一名同學不解地問道。

顧頡剛老師解釋道：「這個觀點主要包括三層意思：第一層意思是時代愈後，傳說的古史期愈長。比如周代人心中最古的人是禹，但是到孔子時代又增加了堯、舜，到戰國時期又多出了黃帝、神農，而到秦朝又多出了三皇，到漢代以後又增加了盤古。」

「第二層意思是時代愈後，傳說中的中心人物會愈放愈大。比如，孔子時期，舜只是一個『無為而治』的聖君，而在《堯典》中就被記載為『家齊而後國治』的聖人，到孟子時直接變成一個孝子的模範了。」（如圖 11-4 所示）

「第三層意思是雖然我們無法知道某一件事的真實狀況，但是卻可以知道某一件事在傳說中的最早狀況。就像我們雖然不知道東周時的東周史，但是我們知道戰國時的東周史，雖然不知道夏商時的夏商史，但是至少知道東周時的夏商史，不是嗎？」顧頡剛老師問道。

第一層

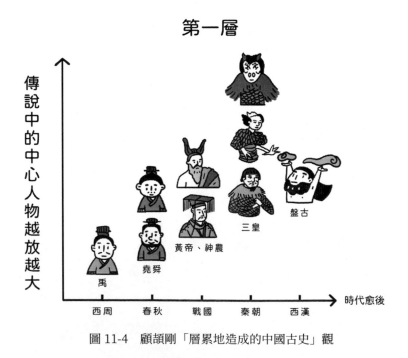

圖 11-4　顧頡剛「層累地造成的中國古史」觀

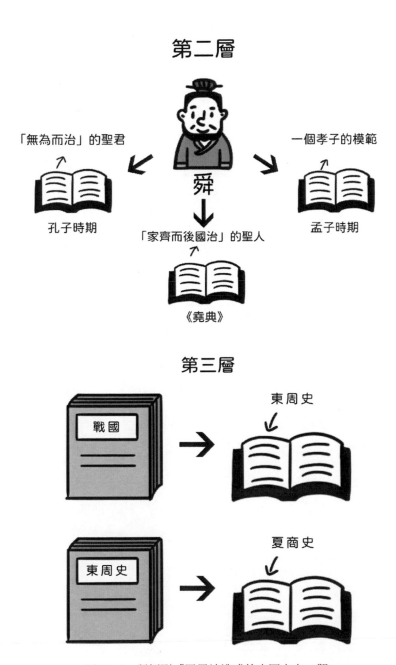

圖 11-4　顧頡剛「層累地造成的中國古史」觀

「老師，您這是要推翻『自從盤古開天地，三皇五帝到於今』的歷史『常識』，讓我們的神聖偶像轟然倒塌嗎？」

顧頡剛老師笑道：「『古史辨』是史家的考辨古史，所辨的內容是偽書、偽事、偽史。對於古史，我們要以史家的態度和標準去研究、考量。對於那些經書，我們不能沒有考量就認為它們是信史，這是不科學的。」

「老師您曾經多次強調過古書研究對古史考辨的重要意義，是不是『古書辨』更為重要呢？」一位同學問。

「它們三者是互相依傍的，很多偽史都是以偽書為基礎的，如《帝王世紀》、《通鑑外紀》、《路史》等，還有很多偽書是以偽史為基礎的，比如《偽古文尚書》、《古三墳書》等。古書是古史資料的一部分，所以我們要先把古書的問題弄明白，然後才能保證古史準確無誤，這是研究古史的初步工作。辨偽史需要直接整理歷史，辨偽書則需要間接整理。想要推翻偽史，必須考訂偽書，還原偽書的寫作時間和思想背景。」顧頡剛老師道。

「老師，您覺得對於古史我們需要注意什麼呢？」一同學問道。

「我們首先需要打破關於古史的一些傳統說法，只有這樣我們才能去『疑古』『辨古』。」顧頡剛老師道。

「首先要打破中國古代民族原來只有一個的觀念。自春秋以來，疆土日益擴大，民族日益合併，大一統的觀念加強，於是很多民族始祖的傳說也逐漸劃歸到一條線上，有了先後君臣的關係，《堯典》、《五帝德》、《世本》等書就是這樣來的。那麼中國民族是否原本就是一個呢？這要等後來的地質學和人類學上有確實的發現之後才能論證，但是對現有的傳說應該是持有不承認的態度。」

顧頡剛老師接著說：「其次，要打破古史人化的觀念。古人對神和人的認知沒有什麼界限，所以歷史差不多完全是神話，但是從春秋末期開

始，就開始把神話中的古神古人都『人化』了。對於古史，我們應該依附那時人的想像和祭祀的史為史，這需要我們研究當時的宗教史。有人想透過研究政治史去弄明白，這是不對的，因為宗教史是原有的事實，是真的，但政治史是後出的附會，是假的。」

「當然，我們還要打破把古代當作黃金世界的觀點。看看那些古代神話，簡直把古代說成了一個黃金世界，但真的是這樣嗎？其實某些觀念在春秋以前是沒有的，但是戰國時那些政治家為了用古王去壓服今王，所以才把古王抬到極高的位置。」

「老師，這麼說來五帝、三皇的黃金世界是戰國後的學者偽造的嗎？」一同學問道。

「我認為是那些學者偽造給當時的君王看的。」顧頡剛老師道。

「老師，您的想法太讓人震撼了，這樣『疑古』的思想是從哪裡來的呢？」眼鏡妹問道。

顧頡剛老師笑道：「當年我看崔述的書，發現『傳、記』不可信；看姚際恆的書，又發現不但『傳、記』不可信，連『經』也不可盡信；鄭樵的書啟發我，做學問要融會貫通，還引發了我對《詩經》的懷疑。後來我的膽子就越來越大，想要打倒『經』和『傳、記』中的一切偶像。」

「當然，我還受到胡適和錢玄同兩人的啟發和幫助。錢先生多次鼓勵我不僅要辨偽書，還要辨偽史，很多經書也值得辨，他說『研究國學的第一步便是辨偽』。胡適先生的『大膽地假設，小心地求證』給我很大的啟發。」

第四節　民俗視角下的《詩經》研究

「老師，聽說你們那場轟轟烈烈的『古史辨』運動還對《詩經》進行了一場大討論？」一同學問道。

「《詩經》是中國所有書籍中最有價值的一部，它的古史資料當然值得我們關注了。」顧頡剛老師笑道，「對於《詩經》，我主要是從音樂和婚俗兩個角度去研究的。」

「老師，有人懷疑《詩經》中部分詩歌是徒歌，您怎麼看？」眼鏡哥問道。

「誰來說說徒歌與樂歌的區別？」顧頡剛老師滿懷期待地問道。（如圖11-5 所示）

「老師，徒歌就是在唱歌時沒有伴奏的，相當於現在的清唱；樂歌是指在唱歌時有伴奏。二者的主要區別在於是否有音樂伴奏。」一同學道。

「這位同學回答得很好！」顧頡剛老師誇獎道，「同學們想想，我們怎麼區分《詩經》裡面的詩歌到底是樂歌還是徒歌呢？」

「老師，這都過去幾千年了，我們該怎麼去分辨呢？」一同學問道。

「當年，我在收集我們當地的歌謠時發現了二者的區別：通常徒歌很少有迴環復沓的結構，但是樂歌卻有很多迴環復沓的句式。徒歌只有在兒歌式、對山歌式、模仿樂歌的徒歌和把樂歌清唱的徒歌這四種類型中才會有迴環復沓的句式。」顧頡剛老師解釋道。

「為什麼徒歌很少有迴環復沓的結構呢？」一同學不解。

徒歌沒有伴奏，沒有迴還復沓，沒有整齊的格調

樂歌有伴奏，有很多迴還復沓的句式，歌詞整齊

圖 11-5　樂歌與徒歌的區別

顧頡剛老師解釋道：「因為徒歌是作者用來抒發感情的，喜歡直截了當地敘述，是不考慮聽者的，因此沒有迴環復沓，也沒有整齊的格調。但是，樂歌是為聽者設計的，需要配合音樂，還要受到樂譜的制約，所以歌詞整齊。我認為《詩經》中大部分都是樂歌，只有一小部分是從徒歌加工而成的樂歌。」

「老師，您的意思就是《詩經》所錄的都是樂歌？」眼鏡哥問道。

「是的。」顧頡剛老師道，「同學們，你們發現《詩經》中『水』這個意像是很常見的，並且多跟戀愛婚姻有關嗎？這是為什麼呢？」

217

「老師，因為受生產生活條件限制，先秦的人們大多將房屋建造在河流邊上，國家通常也是以水為界，所以我們能從《詩經》中看到河畔的游女，還有在淇水間等待迎娶的女子。」一名同學回答道。

「是的，透過對《詩經·大明》的分析，我看到先秦婚姻嫁娶中的一個重要風俗就是以舟為橋梁，將兩地的新人結合在一起。」顧頡剛老師道。

「老師，您這麼說我想到了後人很多用橋梁來表達戀愛關係的例子。比如牛郎織女被銀河隔開，許仙白娘子在斷橋上相會。看來《詩經》中的『造舟為梁』不僅是先秦婚禮的重要活動，還影響了後人對愛情的表達啊。」李彤驚嘆道。

「這位同學分析得很好。」顧頡剛老師稱讚道。

「老師，我對《匏有苦葉》中『士如歸妻，迨冰未泮』這句話的意思一直很迷惑，它的意思是說人們結婚在冰雪融化的仲春嗎？」一同學問道。

「先秦時期，中國還是農業社會，對於農時很講究，所以民眾的婚姻也應該順應農時。你們想想，秋冬結冰時，正是農閒時，而漫長的冬天正好也有利於民眾繁衍後代，所以我認為是秋冬結冰時。」顧頡剛老師道。

「老師，您前面不說有『造舟為梁』的習俗嗎？從哪裡可以看出文王結婚的時候，河水還沒有結冰啊。」一同學問道。

「這個還要考察那時各地的氣候，還有結婚的對象。你們可以根據後來又發現的資料再詳加考慮一下，也許我之前的結論也不正確。」顧頡剛老師道。

「老師，據說您還透過《詩經》還原了先秦一個『賞祖戮社』的風俗習慣，能給我們講講嗎？」一同學問道。

顧頡剛老師解釋道：「祭祀是先秦時各國重要的風俗和禮儀，比如《詩經》中的《頌》主要就是記錄周、商、魯這三國祭祀的。《尚書·甘誓》中有『用命，賞於祖；弗用命，戮於社，予則孥戮汝』這句話。孔安國在《尚書傳》中記載，天子親征時，廟主和社主都會隨行，對於有功的人在廟主前得到獎賞，這表示天子不專權；對於不聽命令者和一些叛逃者，要在社主面前受到刑罰。這符合『親祖嚴社』的意義。」

「孔穎達在《尚書疏》中解釋，根據禮法，宗廟居左，社稷在右，所以廟為陽，社為陰，而陽主生，陰主殺，於是就有了賞祖戮社的意思。」顧頡剛老師繼續道。

「《墨子·明鬼》中記載了一個這樣的故事：當年燕簡公殺了並沒有過錯的莊子儀，莊子儀說殺了無罪之人必須要讓君主知道。於是第二年，燕簡公要『馳祖』，這裡的『祖』跟齊國的『社稷』、宋國的『桑林』、楚國的『雲夢』是一樣的，都是男女聚會觀賞的地方。我認為《墨子》所說的就跟我們今天說上海有城隍廟、北京有隆福寺是一樣的，都是眾人聚集的地方，也是賞罰殺戮的地方。主要是用來教化懲戒。」

「老師，《詩經》中『賞祖戮社』的場所是哪裡呢？」一同學問道。

顧頡剛老師道：「我覺得是魯國的『泮宮』。你們看《魯頌·泮水》中說『思樂泮水，薄采其芹。魯侯戾止，言觀其旂』『無小無大，從公於邁』『矯矯虎臣，在泮獻馘。淑問如皋陶，在泮獻囚』，從這些句子可以看出魯國的『泮宮』跟燕國的『祖』、齊國的『社稷』、宋國的『桑林』、楚國的『雲夢』是一樣的，都是大家聚集的場所，所以魯侯才會在這裡舉行獻首、獻功、獻囚等活動。」

一同學問道：「老師，您認為『賞祖戮社』是國家祭祀和舉行典禮的地方？」

顧頡剛老師道：「我認為『賞祖戮社』是先秦的重要風俗，以國家主要的宗祠廟宇為中心開展祭祀、大型盛典、賞罰等活動，這個地方就像現在的市中心或大型廣場。」

「老師，您從民俗學的角度明確《詩經》所錄全為樂歌，並從徒歌的形式、漢代的樂府以及民間小調等多方面進行考察分析，這點給了我們很大的啟發。但是，您對《詩經》的闡述一樣也有『疑古』的思想，並且你們『疑古派』也有矯枉過正的時候。」眼鏡哥道。

「確實，『古史辨』有疑古過甚的地方，並且我們的工作偏向於破壞，但學術界也應有分工，我希望在破壞之後有人能夠重建古史，正所謂不破不立。我希望你們借助現代考古學，建立起真實可信的中國上古史系統。」

第十二章
布洛赫老師講《封建社會》

本章透過 3 個小節主要介紹了法國史學家馬克·布洛赫的治史觀,以及西歐封建社會的特點,並總結了《封建社會》一書中所用的研究方法,其中著重講述了比價法。

馬克・布洛赫

> 　　（Marc Bloch，西元 1886 年 7 月 6 日至 1944 年 6 月 16 日），法國歷史學家，與呂西安・費弗爾一起創辦了「年鑑學派」。同時他還是一個傑出的愛國人士，被法國《歷史科學辭典》稱讚為「本世紀兩到三位最偉大的歷史學家之一」。
>
> 　　布洛赫出生於法國里昂，他的歷史啟蒙老師就是他父親，一位造詣很深的古代史史學家。布洛赫一生坎坷，但是他卻憑藉頑強的毅力和出眾的才華寫了很多部史學著作，其中以《封建社會》最為著名。

第一節　史學家的職責

　　這個週六因為路上擁堵，李彤到教室的時候大家已經準備去上課了，沒來得及跟大家打招呼，她急忙戴上了頭盔，發現身處一間陰森森的監獄，前方布滿了各種讓人恐懼的刑具。

　　一位戴著眼鏡，留著一撮小鬍子的中年男子正站在那些刑具前面，聽到聲音，他抬起了頭，微笑道：「在這樣一個特別的場合跟大家相見，沒嚇到你們吧？我是馬克・布洛赫。」

　　「『年鑑學派』的創始人！老師，您當年就是在這裡受到不少折磨吧？」眼鏡哥問道。

　　「是的。」布洛赫老師回答道，「在這裡，蓋世太保對我嚴刑拷打，但是他們什麼也沒得到。」

　　眼鏡妹痛惜道：「老師，您受苦了！您是我們的榜樣，您把自己的一

生都奉獻給了史學事業，您用自己的行動對史學家的職責作了詮釋：史學家不僅要將真相公布於世，還要用實際行動去捍衛歷史正義，哪怕付出生命的代價也不動搖！」

看到同學惋惜、敬佩的眼神，布洛赫老師釋然地笑了，他說：「能為自己熱愛的事業獻身，我死而無憾了，只是還有一本書沒來得及寫完。」

布洛赫老師話鋒一轉道：「第一次世界大戰的炮火摧毀了人們的傳統觀念，也摧毀了人們對歷史的信仰。1920 年代經濟危機的爆發，造成了普遍的恐慌心理，也使得以實證史學為主的傳統史學出現危機。『讓史料來說話』的實證史學受到越來越多的挑戰，歐洲史學開始帶有明顯的政治傾向，這嚴重阻礙了史學的發展。我認為，只有改變對史料的依賴，並進行學科綜合，擴大歷史學的研究範圍才能改變這一切。」

一同學問道：「所以，您同費弗爾老師一起創辦了《社會與經濟史年鑑》，打破了學科的分割，進行了跨學科的綜合研究？」布洛赫老師點了點頭。

另一同學不解道：「老師，之前希羅多德老師說要如實記載歷史，還有史學家指出要以超然物外的態度對待史實，要按照事情發生的本來面目去記述歷史，但什麼才是公正無私的歷史呢？我們在研究歷史的時候，到底該用什麼樣的態度？史學家到底是要再現歷史，還是要分析歷史？」

「同學們，研究歷史我們要有一顆理解之心。」看到同學們疑惑的眼神，布洛赫老師解釋道，「我希望你們在研究歷史的時候，不要輕易去指責某些事情，要體諒、尊重人類社會的差異和關係。」

李彤問道：「老師，您的意思是說我們不要用自己的價值觀去衡量別人的價值觀，不要用我們現有的價值觀去衡量過去的價值觀？」

「是的。」布洛赫老師道，「只有如實理解過去，理解其他國家、民族

的文化、宗教信仰，才能從歷史中吸取教訓，才能防止和緩和人們之間的重大衝突。」

頓了頓，布洛赫老師又道：「『理解』既孕育著困難，也包含了希望，有了『理解』人們之間就會倍感親切。在發生矛盾時，如果雙方能多一些理解，如果有時間進行充分的理解，那麼就能防止衝突。」

「其實，生活中也是這樣，有時多一點理解就能避免很多矛盾。」一同學接口道。

眼鏡哥道：「老師，您的這種思想被『年鑑學派』第二代領導人很好地貫徹下去了。第二次世界大戰後，布羅代爾已經將您的『理解』擴展到整個世界了。」

聽到這個消息，布洛赫老師欣慰地笑了，他接著說：「為了更好地理解歷史，我們不能只用敘述的方法來寫歷史，而是需要對龐雜的史料進行分析，找出其相似之處，然後進行比較研究，最後進行重組。」

「老師，很多時候我們是按照歷史的實際發展方向來寫歷史的，那麼研究歷史我們也應該按照這個順序嗎？」一同學問道。

「同學們，任何研究工作，通常都是由已知推向未知，歷史也是這樣，透過現在才能窺見未來，除此之外別無他法。從已知的景象入手，由今知古，這就要求史學家必須與現實接觸，置身於現實之中，才能感受到生活的旋律，才能將那些古代文獻中記載的情景想像出來。」布洛赫老師道。（如圖 12-1 所示）

歷史學家說：
歷史也是由已知推向未知，透過現在窺見未來。歷史學家要從已知的景象入手，由今知古，所以史學家要置身於現實之中，這樣才能想像出古文獻中記載的情景。

圖 12-1　歷史學家要置身現實之中

「老師，您這話讓我明白了一位歷史學家說的『如果我是一個文物收藏家，我的眼睛只要盯住那些古老的東西就好，但我是一個歷史學家，所以我熱愛生活』。當時我還想不明白，為什麼歷史學家必須要熱愛生活，透過您的解釋，我終於明白了。」一名同學開心道。

「歷史學家要由今知古，由古知今，而由今知古的目的是由古知今。」布洛赫老師道，「歷史研究的最終目的就是增進人類的利益。事實上，人們也本能地要求歷史能指導我們的行動，一旦歷史做不到時，我們就會感到憤慨。」

布洛赫老師氣憤道：「就是因為以往傳統史學的無能，才無法阻止世界大戰的爆發；因為實證主義不關心歷史學的社會價值，才導致了這一切。所以你們在研究歷史的時候，一定要重視歷史學的社會效用。」

布洛赫老師繼續道：「同學們，過去和現在沒有絕對的界限，歷史研究切忌畫地為牢，你們一定要牢記這一點。我希望你們年輕一代的史學家能夠開拓歷史學的深度和廣度，讓歷史學發揮出它應有的作用。」

第二節　西歐的封建社會

「老師，聽說您的《封建社會》以寬闊的歷史視野對西歐的封建社會做了全面解釋，裡面提出了很多新的見解，開創了新的研究方向，您能給我們講講嗎？」一名同學問道。

布洛赫老師道：「我認為封建主義是一種社會類型，我主要從整體上描述和分析了作為一種封建社會類型的歷史現象。」

「老師，您的《封建社會》主要講述了 9 世紀至 13 世紀西歐封建社會的形成、發展和變遷，您沒有採用實證史學的編年史敘事手法，而是強調要從一個長時段來進行考察，將封建社會分為兩個階段進行研究。您將西歐的封建主義分為兩期，9 世紀至 11 世紀中期為第一期，11 世紀中期至 13 世紀初為第二期。這是為什麼呢？」眼鏡哥問道。

布洛赫老師回答道：「如果按照年代順序將『封建主義』當作一個完整的階段，這是一個非常大的錯誤。因為最後入侵停止後，造成了一系列深刻而廣泛的變化，這些變化開始在入侵停止後的幾代人身上顯現，也就是 11 世紀中期。也就是說，在 11 世紀中期，社會出現了方向性的變化，雖然這種變化不是跟過去斷然決裂，但是卻反過來影響了整個社會活動。這兩個階段的差異是巨大的，雖然是連續發展的，但確實是性質不同的兩個階段，所以我沒有再以世紀或數十年的時間為界限，而是從更長的歷史時期來研究它發展的規律。」

「老師，西歐封建社會的兩個階段各有什麼特點呢？」一同學問道。（如圖 12-2 所示）

「第一階段雖然無法計算出西歐國家的具體人口數，但是其人口肯定不能跟 12 世紀以後相比，甚至還遠遠低於鼎盛時期的羅馬帝國；此外，

人口分布也非常不均勻，出於安全的需求，人們盡可能居住在一起，但是各個據點之間應該是無人地帶。當時公共交通的困難造成了社會生活的封閉，使得商業活動也不發達，人們之間的訊息交流極為困難，所以即使彼此相近的居民點之間的連繫也很少。在這種長期的封閉狀態中，社會發展和運行受到很大限制，但是地方的獨立性加強了。」布洛赫老師道。

「在這樣艱難的情況下，也只有那些從東方轉賣過來的奢侈品，才能讓商人願意冒著巨大的風險來獲取暴利。當時西歐只能用貴金屬來交換，這種交換除了增加通貨短缺外，整個社會幾乎沒有得到什麼好處。不發達的商品經濟造成了主人對臣服者只能授予土地，而不能給予俸祿，時間一長這樣的依附關係就漸漸鬆弛了。」

9－11世紀中期

11世紀中期－13世紀初

圖 12-2　西歐封建社會的特點

布洛赫老師接著道：「大概從西元 1050 年到 1250 年，西歐開始了拓荒運動，這一運動使得耕地不斷增加，人口聚集點開始大量增加，各定居點之間的空曠地帶大大減少，各定居點之間的聯繫開始增多也更加方便，這為商業的繁榮創造了條件，遠程貿易開始活躍起來。大量船隻開始來往於西歐和拜占庭、阿拉伯世界、波羅的海、北歐等地。商業的繁榮使得貨幣的需求量大增，雖然西歐還是自給自足和鬆散的社會，但是已經開始發生根本的變化。」

一同學道：「老師，您的《封建社會》從 9 世紀歐洲所面臨的大環境講起，還介紹了家族關係和附庸制、莊園制、政治體制等。透過您的介紹，我們對西歐的封建社會有了初步認知，西歐的封建社會跟中國的封建社會還是有所不同的。」

布洛赫老師問道：「那西歐的封建社會跟你們中國的有何不同呢？」

那名同學道：「首先時間上不同，你們西歐的封建社會形成於 9 世紀，但是中國早在西元前 221 年就形成了，比西歐早了近一千年，而且比西歐結束得晚。其次，西歐的封建社會早期經濟蕭條，商業落後，城市發展緩慢，直到 11 世紀中期城市才開始興起，但是中國自從秦漢時期建立了統一的中央集權封建國家之後，社會經濟便得到了進一步發展，出現了規模宏大的大城市。此外，西歐實行的是分封制，王權薄弱，並且神權凌駕於王權之上，但是中國的封建社會王權非常集中，皇權是至高無上的，神權只是為皇權服務的。最後，在繼承制上，西歐採取長子繼承制，但中國採取的是嫡長子繼承與諸子繼承相結合的方式，最後讓受封的土地在世襲過程中越來越少，直到消失。」

聽了這位同學的話後，布洛赫老師道：「看來中西還是有很大區別的，可惜當時沒有對中國的封建社會多做研究。我只對西歐的封建社會做

了研究，對西歐以外的封建社會做了簡短的敘述，稍微多提了一些日本的情況，可惜啊。」

另一同學笑道：「是啊，老師您這樣就留下了一個懸而未決的問題，而且還是一個根本性的問題呢。您讓我們很疑惑，這個封建社會到底是歐洲特有的社會組織形態，還是一個普遍存在的社會形態呢？」

「看來這個問題只能留給你們去解決了。」布洛赫老師笑道。

「但是，我們該怎樣去研究呢？」一同學問道。

第三節　《封建社會》的研究方法

布洛赫老師趕緊道：「沒事，我會告訴你們研究方法的。」

聽到一代史學大家親傳研究方法，大家都打起了十二分精神。看到大家一副洗耳恭聽的樣子，布洛赫老師開心地笑道：「我主要講講自己在《封建社會》中運用的新方法，這些方法對現在的你們來說可能已經過時了。」

眼鏡哥趕緊說：「老師，您不知道後人對您的評價吧？有人說《封建社會》的永恆價值與其說在於它的見解，不如說在於它的研究方法。」

聽到這句評語，布洛赫老師長舒了一口氣道：「同學們，史學是一門研究在實踐過程中的具體的人類社會或其中某一現象的科學，任何社會都是一個有機整體，任何社會現象既有歷史的淵源，又有當時環境的作用，人類的歷史就是由時間因素和空間因素相互作用形成的一個整體。我們做歷史研究就是從個別中發現普遍存在的規律。」

布洛赫老師接著說：「我寫這本書的目的是要對封建社會的組織結構

以及將它連繫起來的各種原則進行剖析並作出解釋。這需要借助於對整體人類環境的了解，才能理解統治社會的制度框架。所以，我先說明了這一社會類型，接著從地理環境、物質生活、心態、社會關係等方面來說明封建社會形成的整個過程。然後，我又從『社會等級和政治體制』出發，進一步揭示了封建社會的內部結構。這樣的分析結構跟以往傳統史學對人類社會的歷史解釋模式是不同的。」

一同學讚嘆道：「老師，您的著作體現了『整體』史學的要求，並且您還引用了社會學、人類學、地理學、心理學等很多學科的概念，也就是您一直提倡的跨學科學研究究，這樣的研究方法不是當時的傳統史料學可比的。」

另一同學道：「在資料的運用上，老師您還突破了傳統實證史學單純強調政府檔案、私人筆記日記等一手資料的局限，並且您還創造性地提出了只要能幫助歷史學家觀察人類活動與精神痕跡的事物，都可以作為史料的新觀點。」（如圖 12-3 所示）

「是啊，老師在《封建社會》中運用的史料非常豐富，除了傳統的檔案史料和考古史料，還大量使用了能反映當時民眾心態和民間記憶的資料，如詩歌、醫囑、祈禱文、傳奇文化、繪畫、雕塑等。」一同學補充道。

布洛赫老師笑著說：「看來同學們對我的《封建社會》知道得很多呢！」

「老師，因為中國之前也是封建社會，所以我們會透過相互比較來了解其他國家的封建社會都是什麼樣，這樣理解得會更深刻一些。」眼鏡妹回答道。

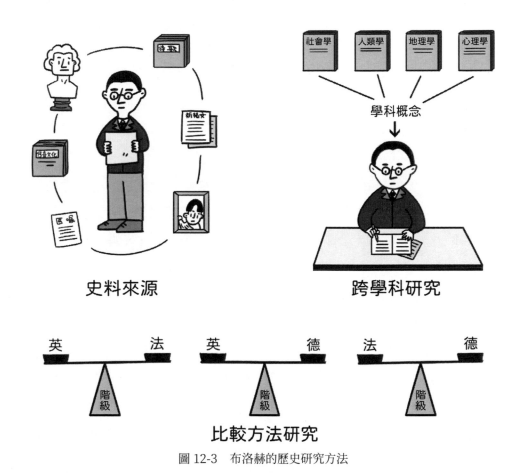

史料來源 跨學科研究

比較方法研究

圖 12-3 布洛赫的歷史研究方法

布洛赫老師道：「你們這點做得很好，我也是贊同用比較的方法去研究歷史的，透過比較可以發現不同歷史現象的相同點和不同點，進而揭示歷史現象的普遍性和特殊性。不過你們在用比較法時要慎重，因為比較不是萬能的，在比較時一定要堅持可比性原則，也就是對歷史現象進行比較時必須具備共同的基礎和關聯，否則就不能比較。」

「老師，您的意思就是進行歷史比較必須具備可比性，是嗎？」一同學問道。

「是的。在《封建社會》中，我從兩個層次做了比較：第一層比較就是封建社會中兩個階段的發展狀況，這個是主要的；第二層就是西歐的幾個國家，如英國、法國、德國等，我將它們的社會特點做了比較，分析了它們在整體相似下的不同。」布洛赫老師道。

「不過遺憾的是我本來想運用比較的方法探明封建社會的普遍性和特殊性，但是我只對西歐的封建社會做了研究，對西歐以外的封建社會只做了簡短的敘述，歐洲以外的比較也只有日本稍微被提及了一些，只提到要關注你們中國的社會形態，但是卻沒有好好去研究，前面聽你們一說，我才明白自己錯過了很多。」

一同學道：「老師，您在《封建社會》裡沒有給封建社會下一個明確的定義，這讓我們看完書後總感覺有種缺憾。老師您留下了一個根本性的問題沒有解決，那就是封建社會到底是歐洲特有的社會形態，還是一個普遍存在的社會形態。」

布洛赫老師不好意思道：「我也很遺憾，沒有將問題說徹底，這個只能靠你們了。」

「不過，老師您將這種比較方法系統地應用到歷史研究中，為後世開創了一種歷史研究的新領域，並且您還為歷史學家研究歷史提供了新的研究思路和方法，您開創了史學研究比較的先河，大家稱您為『比較史學之父』。」

布洛赫老師忙道：「我受之有愧啊。」

「老師，您是一位時刻關心人類命運的歷史學家，您站在歷史學家的

角度呼籲世界各國停止無休止的戰爭，相互理解，相互尊重，求同存異，關心命運的發展，為了歷史學您甚至獻出了自己寶貴的生命，我覺得這稱號根本就不足以表達您的貢獻。感謝您讓我們看到了一個偉大的歷史學家。」

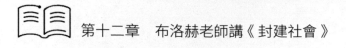

第十二章　布洛赫老師講《封建社會》

第十三章
斯賓格勒老師講《西方的沒落》

本章透過 3 個小節介紹了德國歷史哲學家斯賓格勒在其著作《西方的沒落》中所提出的文化形體史觀的主要內容,並介紹了他關於文明和文化區別的論述,以及他的預言。

奧斯瓦爾德・斯賓格勒

（西元 1880 年 5 月 29 日至 1936 年 5 月 8 日），德國著名歷史學家和歷史哲學家、文學家。

他出生於一個郵政官員家庭，先後在慕尼黑、柏林、哈雷等地求學，最後獲得博士學位。青年時代除了研究歷史和藝術外，他還對數學和博物學感興趣，這讓他的作品具有一種獨特的風格。第一次世界大戰爆發後，他隱居在慕尼黑的一所貧民窟中，在燭光下完成了《西方的沒落》。其主要著作還有《普魯士的精神與社會主義》、《人與技術》、《悲觀主義》、《德國的重建》等。

第一節　歷史領域的哥白尼革命

一天，李彤將自己寫好的一篇新聞稿交給劉記，然後忐忑地等著劉記的「鞭子」落下。不過，奇怪的是一天都快過去了，劉記的「鞭子」還沒落下，這是什麼意思呢？快下班時，李彤再也忍受不住這樣的煎熬，跑到劉記的辦公室，問他對自己那篇稿件的意見。

劉記沒有任何表情地說：「這篇稿件勉強可以，不過還差很遠，以後要寫全面、深刻一點！」聽到劉記這句話，李彤激動不已，第一次得到劉記「可以」的評價，雖然前面還有「勉強」二字，她已經很滿足了。

「有人說歷史沒用，看來不對，至少對我是有用的，這幾個月的歷史課真沒白上。」李彤心想。因為寫這篇稿子的時候，李彤有意識地應用了一些歷史學上的東西。

　　心情愉快，時間也過得飛快，轉眼又到週六上課的時間了，李彤覺得每個週六自己就像去約會一樣，而且約會對象是未知的，這神祕的感覺她很喜歡。

　　這次是誰呢？雖然歷史學家她一個都不認識，但是每次戴上頭盔的時候都會忍不住去想。

　　「歡迎你們。」一位身穿大衣，戴著禮帽的中年男子道：「我是斯賓格勒，可能你們不知道我，但是肯定聽說過《西方的沒落》這本書，這是我寫的。」

　　「哇，老師是您啊！文化形態學的創始人！」一同學驚訝道。

　　「正是鄙人。」斯賓格勒老師道，「對於歷史發展的進程，我提出了一套自己的理論，叫文化形態學或形態歷史學，或歷史形態學。為什麼我要將自己的觀點稱為歷史形態學？因為我認為這些歷史現象都具有形而上學的特點，它們都可以根據其形態加以分門別類。」

　　「老師，能跟我們說說您為什麼會創造歷史形態學這一新的理論嗎？」一同學好奇道。

　　「在我那個時代，學術界並沒有將科學領域和自然領域嚴格區分開來，歷史學家喜歡用科學的方法去研究歷史，他們認為人類文化的存在跟電或引力是一樣的，他們覺得可以像分析電或引力一樣去分析它。」斯賓格勒老師氣憤地說。

　　「從來沒有人去問這件事為什麼恰恰發生在那個時候、那些地方，並且是那種形式、在那段時間內不可避免地出現了，而不是其他的地方、其他的時間。一些歷史學家即便遇到不同時間、不同地點的無數個類似事情，也只會將其簡單記下，並簡單地冠以不同的名字。」

停頓了一下，斯賓格勒老師繼續道：「我認為史學家不能再以研究自然科學的方式來研究歷史了，我們要以一種全新的方式來重新解讀歷史，要將自然的世界和歷史的世界區分開來。」

　　一同學問道：「老師，自然的世界和歷史的世界之間有什麼區別呢？」

　　斯賓格勒老師道：「自然的世界是已經生成的、存在的事物，而歷史的世界是指人類社會的發展、演變。這二者有本質上的差別，在自然的世界中一切都屬於時間生成的永恆的過去，是已經存在的靜止空間，是死亡。但歷史的世界是不斷運動的，並有自己的規律，在這個世界中文化是過去、現在和未來的基本單位。每一種文化的誕生、死亡、興衰都有自己的規律和生命運動過程，所以我們不能用自然科學的方法去解讀歷史，想要正確解讀歷史，只有借助於文化。」

　　眼鏡哥道：「老師您拋棄了以往史學界以時間為基石將歷史分為『古代 - 中古 - 近代』的一元進化史觀，提出了多元史觀，您認為歷史的世界應該以有生命體的文化體為基本內容，用全新的觀點將世界歷史劃分為八個自成體系的文化，即：埃及文化、巴比倫文化、印度文化、中國文化、希臘羅馬的古典文化、馬雅文化、伊斯蘭教文化、西歐文化。您說這八種文化的發展階段、文化結構和發展趨勢都具有相似性，在價值上是等同的。」

　　「是的。」斯賓格勒老師道，「這八種文化都是動態存在的個別世界，不存在說西歐文化比別的文化具有更高級別的地位。另外，我還以這八種文化為基礎，將整個世界文化劃分為四個階段：前文化時期、文化時期、文化晚期、文明晚期。在前文化時期，人們之間主要靠血緣關係，政治國家還沒誕生，只有原始民族和簡單的農耕生活、原始宗教。到了文化時期，開始出現市鎮、勞動分工以及貨幣交換，人類的意識開始啟蒙，人性

得到發展，進入文化晚期，城市發展壯大，出現了世界城市，自然科學和唯物主義登上歷史舞台，自然科學成為萬能的方法；文化時期結束後，就進入文明時代。在文明時代，大力發展科學技術，漸漸形成了精密的現代化國家機器。」（如圖 13-1 所示）

前文化時期

文化時期

文化晚期

文明晚期

圖 13-1　世界文化的四個階段

「老師，您的這一理論也太新奇了。」一同學道。

「所以我將自己的這一理論稱為『哥白尼式』的革命，因為這種劃分方式對傳統哲學家和歷史學家來說是一種顛覆性的反叛。」斯賓格勒老師笑道。

第二節　文化與文明

一同學問道：「老師，您這『哥白尼式』的革命就是把文化當作中心，在您看來歷史的基本單位就是文化，要研究世界歷史只能從各個文化的歷史入手，並且您認為全人類的歷史是不存在的，存在的只是各個文化的歷史。只是我不明白，老師您這裡的文化指的是什麼？跟文明又有什麼關係？」

斯賓格勒老師答道：「同學們，文明和文化是兩個截然不同的概念，它們有不同的規定和內涵。當一個偉大的靈魂從人類原始精神中覺醒，自行脫離曚昧的原始狀態，從無形式變為有形式，從無界與永生變為一個有限和會死的東西時，文化就誕生了。正如每一種植物開不同的花，結不同的果，有不同的生長和衰落一樣，每一種文化也有自身不可踰越的生命週期，並且都有誕生、生長、成熟、衰敗的規律和春、夏、秋、冬四季的更替。」

一同學道：「老師，您把文化說得好像有生命一樣。」

「文化就是一個有機生命體。」斯賓格勒老師道，「每一種文化都是以原始力量從它的土生環境中成長起來，它的整個生活週期都跟那裡的土壤相連，每一種文化都將自己的影響印在人類身上，每一種文化都有自己的觀念、願望、生活、情感和死亡。它為了維持自己文化的概念，不僅與

外在混亂矇昧的力量做鬥爭，還在與內在潛意識的抱怨相抗衡，每一種文化都竭力實現自己，一旦達到這一目標，它的概念和內涵都完成並外顯之後，文化就突然僵化了，它會自我限制，於是血液開始冷卻，力量開始瓦解，最後就變成了文明。」

另一同學不解道：「老師您的意思是文化的最高階段，或者說最後階段，是文明？」

斯賓格勒老師點點頭，道：「文明是文化不可避免的最終命運。如果說文化是各事物生長繁榮的活的過程，那麼文明就是那不再變化的僵化的果實。」（如圖 13-2 所示）

歷史學家說：
文明是文化是兩個截然不同的概念，他們有不同的規定和內涵。如果說文化是各事物生長繁榮的活的過程，那麼文明就是那不再變化的僵化的果實。

圖 13-2　文化與文明的關係

看到同學不解的眼神，斯賓格勒老師又道：「當文明到來時，那些已生成的事物替代了生成變化的過程，死亡跟隨著原來的生命，僵化代替了原來的擴張。心智的成熟與僵化，讓世界都市替代了原始的母土，人類也漸漸失去了孩提時代的精神狀況，於是文明就成了最終的結局。所以文化的巔峰狀態也是它沒落的開始。」

「老師，所有的文化都會走向文明嗎？」一同學問道。

斯賓格勒老師道：「是的，因為文化內在的必然性，所有的文化都將走向這一結局。所以，文明也是文化的化石，因為文明一旦完全凝固，就成了歷史文明；文明一旦石化，就成了非歷史的、無變化的『停滯狀態』，這一文化也就徹底退出了世界歷史。」

一同學問道：「老師，您覺得文化是怎樣走向文明的呢？」

「在文化階段，每一個鮮活的文化其精神都是宗教，那時文化精神決定了人類一切活動的本原，文化精神駕馭著人，所以處於文化中的人擁有明確的宗教意識，知道自己的能力有限，承認自己受到高於自身的命運支配。但是到了文明階段，這種宗教傾向就會受到挑戰，從無神論開始興起，於是命運法則被自然法則所代替，人們變成了無神論者。」

斯賓格勒老師嘆了一口氣，接著說：「這些清教徒在無神論基礎上又形成了清教精神，而這又鍛造了資本主義精神。他們為了證明自己已被救，又將自己的熱情投向了自然界，用征服自然並創造自然的方式來取悅上帝，這就是『工作假設』，於是又產生了『工作倫理』『計算精神』等，這又促生了資本主義精神。」

「無神論和清教運動又為理性主義創造了條件。源於想要獲救的願望，人們每打倒一種宗教，就會樹立另一種宗教，而理性主義就是另一種『宗教』。不過這種『宗教』用『力』取代了『上帝』，用『能量守恆』代替了『永恆真理』，用智慧和知識代替了之前的懺悔，這是人們獲救的新手段。於是人們在拋棄了宗教思維以後，又想用理性思維來建立自己的天堂，於是又產生了一系列政治理論運動。」

「人們懷著對理性的無限信心，於是人性、自由、公平、正義、平等、進步等諸多觀念紛紛被提了出來，並且都神聖不可侵犯，於是抽象的

真理開始進入這個事實的世界。這些文明人除了喜歡抽象的理論，還喜歡抽象的金錢。從文化生命解脫出來的自由有兩種：一種是心智的自由，另一種是金錢的自由。第一種是對民主的要求，第二種是對財富的追求，本來這兩種是水火不容的，但是在現實中，理性主義口號最響亮的地方，也是金錢最肆虐的地方。你們想過當金錢進入政治之後會是什麼樣子嗎？」斯賓格勒老師問道。

「人們的心智被金錢摧毀。」一同學答道。

「對，透過金錢，民主也徹底摧毀了自己。因為民主時代的『真理』是由報刊媒體所製造的輿論，而它們又被掌握在擁有金錢的政黨領袖手中。各種政治勢力都用自己所掌握的報紙來控制人民大眾，直到他們大聲疾呼要武器、要戰鬥，並強迫他們的領袖出兵參與那些紛爭，其實這樣的『強迫』正是那些領袖蓄謀已久的事情。」

斯賓格勒老師繼續道：「沒有文化和宗教的束縛，人們開始不再敬畏大自然的神祕，開始同大自然不斷搏鬥，最後戰爭的結果就是科學的不斷進步。當蒸汽機出現後，大自然就淪為人的奴隸，在人們歡呼自己取得的成就時，卻發現自己也逐漸變成了機器的奴隸，漸漸人也變成了機器。」

斯賓格勒老師悲痛道：「於是機器和技術開始統治人類，成為新世界的暴君。這時，生命的詩意已經被單調的工作所取代，生命的創造力和想像力開始枯竭，人類生命本身也退化和衰弱到『不育』的狀態，於是『凱薩主義』或帝國主義開始出現。而凱薩政治的最高形式就是戰爭，帝國主義時代就是世界戰爭時代，那時戰爭成為人們處理一切現存問題的手段，文明時代的一切最終都將在戰爭中灰飛煙滅。」

第三節　真的能預測未來嗎？

一同學道：「老師您也太悲觀了，雖然您經歷了『一戰』，後來又發生了『二戰』，但是您看，我們現在還是好好的，西方也沒有像您預言的那樣沒落下去啊。」

「在我看來，文化是個生命有機體，它也符合生、長、盛、衰的規律，所有的文化類型都會受到生命週期的制約，最終走向文明，這是它們無法避免的宿命。所以我預測西方文化必將走向沒落。」斯賓格勒老師道。

「西元500至900年是西方的前文化階段，900至1800年是文化階段，從1800年開始到現在西方已經處在文明階段，它最終也逃脫不了文化的宿命，將在2200年開始瓦解，所以我將這本書叫做『西方的沒落』。」（如圖13-3所示）

斯賓格勒老師繼續道：「我將世界歷史看作一幅無終止的形成與變化的圖像，一幅有機生命成長與凋落的圖像，但是有的歷史學家正好相反，只將歷史看作在不同時代不斷增加自己長度的條蟲。」

「但是在老師的眼裡，雖然文化是有生命的，最終還是要走向滅亡啊。」其中一名同學道。

「是的，文化的沒落跟草木的枯萎一樣正常，我們不必為此感傷。」斯賓格勒老師平淡地說。

「可是老師，生物是周而復始循環的，文化會不會也這樣循環往復呢？」另一同學滿懷希望地問道。

圖 13-3　文化的宿命

「文化是一次性的。每一個出現在歷史中的國家，都只能在歷史洪流中存在一次，只能存在於此時此刻，到下一個時刻，不管其政治外殼如何堅固，都已經有所不同了。」斯賓格勒老師潑下一盆冷水。

「老師，難道舊的文化滅亡之後，就不能再形成新的文化嗎？」眼鏡哥不死心地問道，「文化形態史學觀的繼承者和發展者湯恩比說，您對文明的產生、發展、衰落和解體只提供了一張固定的表，但卻沒有任何解釋，所以對您的文化宿命論不太贊同。」

看到斯賓格勒老師鼓勵的眼神，眼鏡哥接著道：「湯恩比老師將文明

作為他歷史研究的基本單位，不過他的文明包括了您的『文化』和『文明』兩個概念，他認為人類社會已經存在 30 萬年了，而文明社會只有約 6,000 年的歷史，只占人類全部時間的 2%，所以從這個意義上來說，人類社會的文明是同一時代的，並且在哲學上價值也是相等的。」

眼鏡哥繼續道：「他將人類歷史分成了 26 個文明類型，他認為文明是個有機體，每個文明都有起源、生長、衰落和解體四個階段。不過在文明的前途上，作為文明的主體人能做出改變，不能因為其他文明的死亡或衰落就認為西方文明必將走向沒落。他認為只要能夠從其他文明那裡獲得經驗和教訓，提高應戰能力，西方文明不但不會沒落，還會走向更加美好的未來。」

「仁者見仁，智者見智。」斯賓格勒老師道，「我只是對自己當時所處的時代遇到的問題，提出自己的觀點和看法。1911 年時，我準備將自己對當時的政治現象及其可能的發展所做的一些思考做一個綜合的敘述，當時我認為世界大戰不但迫在眉睫而且無法避免，於是就寫了這本《西方的沒落》。」

「老師，第一次世界大戰和第二次世界大戰的發生間接驗證了您的預言，雖然兩次世界大戰並沒有讓西方文明灰飛煙滅，並且直到今天也沒有再發生世界大戰，但還是有很多人對您所說的『西方的沒落』心存疑慮。」一同學道。

另一同學道：「我認為老師所說的『沒落』，指的並不是死亡或終止，而是文化批判精神和創造精神的喪失。」

一同學接道：「你覺得西方世界現在發展得還不快嗎？」

又一同學道：「那只是在科技方面，文化方面他們還有什麼建樹嗎？」

　　看到同學們爭論起來，斯賓格勒老師道：「同學們，我不是算命先生，我的預言也只是基於當時的社會環境，之所以做出預言只是為了警示世人，讓大家能清楚意識到當前所處的狀況，然後刮骨療傷。」

　　「原來老師不在乎預言是否實現，而在乎它是否造成警示作用，我們還在這裡傻傻爭吵，真是沒有理解老師的用意。」一同學嘆道。

　　「同學們，我們歷史學家到底為什麼要去研究歷史？可能有人為了研究歷史而研究歷史，但我是為了了解現實才去研究歷史的，這個因每個人的初衷和出發點不同也會不同。」斯賓格勒老師語重心長道。

　　「當時，我感受到了戰爭的危機，我想從古典時代的衰落找到當時所在時代的特徵，從而讓我能深入歷史。我認為歷史的發展不是雜亂無章的，而是有其內在的必然性，我想找到這個必然性，讓世人明白，從而避免一些問題。你們要好好想想自己研究歷史又是為了什麼？」

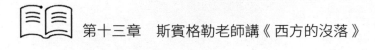

第十四章
呂思勉老師講《 呂著中國通史 》

本章主要介紹了中國史學家呂思勉所著《呂著中國通史 》的獨特體例、寫法和內容，以及史學家的使命和社會責任。

呂思勉

（西元 1884 年 2 月 27 日至 1957 年 10 月 9 日），字誠之，筆名駑牛、程藝、藝等，江蘇常州人，中國近代歷史學家、國學大師，與錢穆、陳垣、陳寅恪並稱「現代中國四大史學家」。

呂思勉出身書香之家，畢生致力於歷史教學和研究工作，在中國通史、斷代史、民族學、文化史、思想史等諸多領域都有建樹，被後人譽為具備史才、史德和史識的歷史學家。其史學代表作品有《白話本國史》、《呂著中國通史》、《秦漢史》、《兩晉南北朝史》、《中國民族史》、《中國制度史》等。

第一節　我看歷史

雖然斯賓格勒老師的課結束了，但是他最後的那個問題一直縈繞在李彤心中：為什麼要學歷史呢？雖然學習的初衷是為了滿足工作需求，但是上了這麼久的課後，李彤發現當初的想法已經悄然發生改變，不知不覺間自己喜歡上了歷史，只是自己學歷史是為了什麼呢？李彤不斷地追問自己。

禮拜六的歷史課堂，李彤戴上頭盔時還在這樣問自己。

「同學們，我叫呂思勉。」一位穿著樸素、戴著圓框眼鏡的青年男子用好聽的磁性聲音道。

李彤很激動，終於來了一位自己知道的老師，之前小安助教推薦的書中就有呂思勉老師的《呂著中國通史》。雖然李彤只讀了一小部分，但那一小部分就讓她感受到了呂思勉老師學識的淵博，品德的高尚。

面對儒雅的史學大師，李彤不禁問出困擾自己的問題：「老師，歷史到底是什麼？究竟有什麼用？」

呂思勉老師看著下面的同學，緩緩道：「在研究歷史之前，我們是要考慮清楚這些問題。你們覺得歷史是什麼，對我們有什麼用？」

「老師，不是經常聽人說什麼歷史是『前車之鑑』，我們可以博古通今嗎？我們可以從前人的得失中總結經驗教訓，對於好的地方可以效仿，對於不好的地方就引以為戒。」一同學回答道。

呂思勉老師反問道：「你們覺得這句話對嗎？」

眼鏡妹搶著說：「老師，我們生活在一個不斷進化發展的世界，後來的事情肯定跟以前的事情不一樣了，如果還要套用之前的觀點肯定不合適。這就像我們生病，病情已經發生了改變，如果我們還沿用以前的藥方肯定是沒有效果的。」

另一同學道：「再說，現在出了很多新東西，都是以前聽都沒聽過的，比如網路，我們又能從哪裡去借鑑呢？」

呂思勉老師點點頭道：「既然歷史不是前車之鑑，那麼有人說歷史是『如實記載』，能讓人有所畏懼，讓好的流芳百世，讓壞的遺臭萬年，你們覺得這個說法對嗎？」

「老師，對於那些恬不知恥的人，他們生前都不在乎名聲，還會在乎死後的名聲嗎？對於那些本來就在乎自己名聲的，有沒有歷史對他們來說基本沒什麼影響。」李彤回答道。

「是的。」呂思勉老師點頭道，「何況對於事情的真相別人又能知道多少呢？知道的也不過是一些皮毛而已，其內幕如何根本無從知曉。對於一些重大事件，很少有人能知曉全局，這樣寫出來的歷史算是真相嗎？如果還要根據這樣的事去褒貶時政，去維護社會正義，不是有所偏頗嗎？」

「老師，歷史到底是什麼？」一同學問道。

「同學們，我為什麼能成為現在這樣的我呢？這是偶然嗎？」呂思勉老師反問道。

「這跟自己的出身、成長環境、所受教育、個人習慣，還有自己的行動等有關，是所有這些綜合起來才成就了現在的自己。」一同學道。

「是啊，個人是這樣，國家、社會也是這樣。為什麼中國人的性格不同於歐洲人，不同於日本人，這也不是偶然的，也是因為種種原因造成的。現在出現這樣的結果不是現在的事情造成的，而是由過去的種種造成的，所以我們必須追溯過往的歷史，從那裡面找到社會的真相，也就是我之所以成為我的原因，所以歷史就是尋求社會真相的。」（如圖 14-1 所示）

圖 14-1　歷史是什麼

「老師，我們該怎樣去尋求社會的真相呢？」一同學問道。

「肯定是從以往發生的事情中去尋找啊。」一同學答道。

「但是過去的事情那麼多，該選哪些事情呢？」另一同學問道。

「同學們，過去發生的事情實在太多，窮其一生也可能管中窺豹，所

以我們只要選擇那些讓社會變成現在這個社會的事情研究就好。就像我們經歷了那麼多事，怎麼可能都記得呢，只要記得那些最終成就現在的我的事情就好了。」呂思勉老師道。

「老師，您是有史德的人，並且已經了解到了這個問題才會這樣想，但是以前的史學家都會這樣想嗎？再說，每個人的思想認知不同，也許您認為這件事對以後有重要的影響，但是別人卻認為另外一件事才是有重要影響的。」眼鏡哥道。

「是存在這樣的問題。就像從前中國那些史學家，他們不關注社會，只把自己的眼光放在那些特殊的人物、特殊的事情上，對於歷史的記敘不是描寫英雄，就是記述政治和戰役。他們沒有看到那些特殊的人和事都發生在普通社會中，沒有看到特殊人物和社會的關係，他們不明白正是因為這樣的社會，才發生這樣的事情，而發生的這些事情又反過來影響社會，使之發生改變。」呂思勉老師道。

「所以我們想要尋求社會的真相就要從普通社會中去尋找，不要再像前人那樣只專注那些特殊的人和事。如果我們找到了社會的真相，再看那些大人物的故事，就像在演戲，雖然劇情不斷變換，演員也不斷變換，但舞台卻總是相同的。」

說到這裡，呂思勉老師看著大家道：「同學們，你們現在研究歷史，要重常人、重常事，因為社會在這些常人常事中不斷變遷。如果把常人所做的常事比作風化，把特殊之人所做的特殊之事比作山崩，那麼不知道風化，肯定不會知道山崩，但是如果明白了風化，那麼山崩也只是必然的結果。」

「老師，您的意思是對那些能說明社會變遷的事情，我們都要研究？」一同學問道。

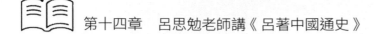

「恐怕是的。」呂思勉老師笑道，「社會的變遷就是進化，歷史者，所以說明社會進化過程者也。而我們學習歷史，是為了能從歷史中得到分析問題的能力。」

第二節　怎樣平行敘述歷史？

「老師，聽說您的『呂氏通史』不僅視野廣博，並且視角也非常獨特。您將中國歷史分成了上下兩冊，上冊分門別類講述中國的社會經濟、政治制度和文化學術發展，下冊分章，按照歷史順序講述了政治歷史的變革。雖然上下兩冊各自成篇，但卻互相貫通，兼具通貫和周贍，一般通史很難同時做到這兩點的。」眼鏡妹讚嘆道。

接著她追問：「老師您創造性地使用了一種新的通史體例，將政治和經濟文化各自為篇，平行敘述，表面上看您把政治和經濟文化分開了，但實際上您卻將政治放到文化發展的內涵中去了。這樣您就從根本上解釋了幾千年來政治發展的根本原因，並且突出了文化史的重要作用。老師，您這樣的寫法不僅讓我們幾千年來的文化自成體系，還讓政治和經濟文化都成為通史。既然老師前面要我們研究『我之所以成為現在的我』的原因，那麼我想問問老師，您為什麼要採用這樣別具一格的通史寫法呢？」

「看來同學們學得很好，很快就掌握了要點。」呂思勉老師笑道。

「我採取這種寫法主要有兩個原因。第一個原因，我認為過去的歷史因為太偏重於政治，而忽視了社會經濟文化的作用，所以無法肩負歷史的借鑑功能。實際上，政治只是表面上的事情，社會才是政治活動的根底，如果不明白社會，是無法明白政治的。所以，我認為寫歷史的人，不但要重視政治，更要重視文化，要突出文化在歷史發展中的重要作用，這樣才能從根本上揭示歷史發展的真正原因。」

　　「所以，老師您採用這種體例，是為了突出經濟文化的重要作用，讓歷史的借鑑功能從文化中找到註解。老師，您真是用心良苦啊。」其中一位同學感慨道。

　　呂思勉老師解釋道：「第二個原因，我這本通史主要是針對當時大學文科學生的課程需求而編寫的，所以沒有採用一般的通史體例。當時也有流行的通史著作，不過那些著作雖然在敘述理亂興衰的過程中也介紹了一些典章制度，但是它們缺乏條理，並且上下也不連貫，讓初學者根本摸不著頭緒，更別提形成系統的歷史知識了，所以我採用了這種新的體例，這樣方便初學者系統掌握中國歷史的各個方面。」

　　李彤道：「我當時看到老師的通史時，心想這作者好細心，將婚姻、族制、政體、財產、官制、賦稅、兵制、刑法、貨幣、衣食、住行、宗教等都單獨分章寫出來，這樣我想了解哪一方面的內容直接去看那一章就行了，非常方便。我看完貨幣那一章，對中國的貨幣歷史有了清晰的了解。老師您這種劃分方法對我們這樣的初學者真的很有用，有時需要查某一方面的資料也很方便。」（如圖 14-2 所示）

圖 14-2　呂著中國通史

「能對你們有所幫助就好。」呂思勉老師笑道，「我希望你們看完我的通史後，能對幾千年燦爛的文化有所了解，並知道現狀的所以然，對未來可以加以推測，從而對你們今後的行為有所啟示。所以我著重敘述了社會經濟的變革和政治制度的改革。」

「原來老師的每一個安排都有深意啊。」一同學感慨道。

呂思勉老師道：「其實我這種方法也有不足之處，因為將政治和文化的發展分開來講，會導致二者不能很好地貫通，也會導致過於突出文化的決定作用。」

眼鏡哥道：「老師，您的通史上冊出版於 1940 年，當時正是抗日戰爭時期，那時您特意突出我們中華民族悠久燦爛的歷史，有助於激發大家的愛國熱情和民族自豪感，這在當時有著特殊的歷史意義啊。」

另一同學感嘆道：「難怪老師在書中會著重強調對那些外族入侵的反抗鬥爭，原來也是有用意的。」

「老師還在書中直接表明了自己的立場呢。老師不像別的史學家只關心那些大人物、大英雄，老師關注的是民生，比如水利、賦稅、吏治等。」一同學道。

「老師說家庭的起源，是由於女子的奴役，其需求則是建立在兩性分工的經濟原因上。老師認為賢妻良母只不過是賢奴良隸，所以老師支持當時的女權主義，並預言隨著社會的發展，女子也會從家庭中走出來，積極參加社會工作，並逐漸擺脫被奴役的狀況。老師還說那種讓女子回到家庭中的人都是開歷史倒車的人。」一女同學激動道，說完嬌嗔地看了她旁邊的男生一眼。那男生趕緊求饒：「我從來沒說讓你不參加工作啊。」

看到這一幕大家都笑了，呂思勉老師也笑道：「看來我的預測好像沒錯。」

「老師，在那個時代您就有這樣的看法，真是太了不起了！」同學們讚嘆道。

第三節　史學家的民族精神

「老師的了不起豈止這些，老師還用自己的史筆直接為抗戰服務呢！」另一同學稱讚道。

「老師，我記得您曾經說過『研究學術，要置致用於度外，而專一求其精深』，您重『求真』，輕『致用』，所以您一生都沒有涉足官場，並且無黨無派，只關注現實，專心研究歷史，您怎麼改變自己的想法了呢？」一同學不解道。

「同學們，我生活的年代不像你們現在的年代。我出生那年，中法戰爭爆發。我所在的時代正是民族處於危急關頭的時代，四周強敵環伺，西方帝國主義侵略者掀起了瓜分中國的狂潮。1901 年清政府簽訂了喪權辱國的《辛丑條約》，1937 年『七七事變』爆發，人民陷入水深火熱之中，國家千瘡百孔，民族岌岌可危。」呂思勉老師悲憤道。（如圖 14-3 所示）

圖 14-3　孤島上的鬥士

「『天下興亡，匹夫有責。』面對這樣的情況，我們史學家必須要肩負起挽救危亡的歷史使命。」

「老師，寫史如果摻雜太多個人感情不就不客觀了嗎？」一同學問道。

「史學家也是有感情的。因為寫這本書的目的不僅僅是寫一本中國通史，還有讓大家明白中國之所以變成現在這樣的私心，還有弘揚中華民族文化的想法，所以會有側重地論述，雖然儘量避免，肯定也會有不客觀的地方。」呂思勉老師道。

「老師，我覺得這不算是您的『私心』，您是為了大義。」眼鏡妹道。

「您在通史中對文化做了一個全面的總結，並且有針對地介紹了文化在近代轉型時遭受的打擊。您分析造成這種局面的主要原因就是長期的閉關自守和盲目自大。您詳細分析了當時中國面臨的危險局勢：外國勢力的入侵使得我們國土淪陷，主權不保；日本的侵華戰爭讓我們面臨亡國滅種的危機；國內政治混亂、軍閥混戰不斷，使得我們幾千年的文明受到嚴重破壞。面對這樣內憂外患的複雜局面，您明確地向指出中國當前主要的敵人是日本帝國主義，您呼籲大家團結起來抗戰到底。」

呂思勉老師道：「在通史的《上古史》中，我提倡各民族一律平等。我專門論述了除漢族以外的諸侯，對他們的起源和變遷也加以考證。在論述這些少數民族建立的政權時，我將他們的政權也稱為『朝』，將南朝和北朝平等對待，將金、元也賦予跟宋一樣的地位。我希望各民族能團結起來，共禦外敵。」

「老師，您從這些細節入手很好地塑造了我們的民族凝聚力。」一同學道。

另一同學道：「面對當時的局面，老師還說『在文化上，我們非解除

外力的壓迫，亦斷無自由發展之餘地』，老師指出當時最重要的問題就是奪回喪失的國家政權，維護民族利益，保護我們的文明不受侵害。」

「在日本步步緊逼的時候，老師您明確提出我們只有堅持抗戰才有出路，您說『中國既處於今日之世界，非努力打退侵略的惡勢力，決無可以自存之理』。老師，在當時您的看法是很有遠見的，並且您的這個觀點對那些投降派和內戰派也是一種打擊。」又一同學道。

眼鏡哥真誠地讚嘆道：「1940 年，老師您居住在上海租界，曾用『野貓』、『程藝』等化名寫下很多弘揚民族正氣，揭露日本暴行的文章，被稱為『孤島上的鬥士』。老師，您雖然是一個史學家，您用自己的行動告訴我們，一個史學家在國家危難時到底應該怎樣去做。」

「老師，您說學習歷史可以獲得分析問題的能力，當時面臨那樣嚴峻的局勢，您當時覺得未來會如何呢？」一同學問道。

呂思勉老師笑道：「雖然我們當時所處的情況非常嚴峻，但是我對未來充滿信心，我堅信一定會取得勝利。因為戰爭只是社會的一種變化，從過往經驗來看，是不能持久的。」

呂思勉老師欣慰道，「雖然今非昔比了，斷然不能加入帝國主義之列，成為破壞世界和平的一分子。」

「放心吧，老師，我們是和平崛起。經歷了那些戰爭，我們比誰都渴望和平。」

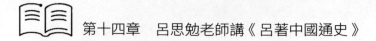

第十五章
斯塔夫里阿諾斯老師講《全球通史》

本章主要介紹了美國史學家斯塔夫里阿諾斯的全球史觀及其局限性，世界歷史的獨特寫法，以及地理環境在人類歷史發展進程中的重要作用。

勒芬・斯塔夫羅斯・斯塔夫里阿諾斯

（Leften Stavros Stavrianos，1913 至 2004 年 3 月 23 日），希臘族，美國學者、教授，當代著名歷史學家。

他出生於加拿大溫哥華，畢業於大不列顛哥倫比亞大學，獲得克拉克大學文科碩士學位和哲學博士學位。他曾在美國加利福尼亞大學擔任歷史教授，還擔任西北大學的榮譽教授和行為科學高級研究中心研究員，曾因傑出的學術成就而於 1951 年榮獲古根海姆獎，1967 年榮獲福特天賦獎和洛克斐勒基金獎。

第一節　從月球上看世界的全球史觀

上完呂思勉老師的課後，李彤又找出了那本《呂著中國通史》讀了起來。因為理解了老師的一片苦心，所以這次她讀得非常認真。她邊讀邊想，中國忙著改朝換代的時候，世界其他國家在做什麼呢？

週六上課的時候，李彤跟同學們探討這個問題，大家各抒己見，談了很多有意思的事情。去上課的時候，李彤還很激動。

「歡迎你們，我是斯塔夫里阿諾斯。」一位頭髮鬍子都白了的外國老頭，正站在講臺上等著大家。

「提倡全球史觀的斯塔夫里阿諾斯？」一同學吃驚地問道。

「是的，好像我的那部《全球通史》很受歡迎。」斯塔夫里阿諾斯老師笑道。

「老師，世界那麼大，全球歷史那麼多，哪些歷史才該寫進書中呢？」一同學問道。

「我認為我的《全球通史》應該主要揭示世界歷史的進化和世界文明的發展，對現代社會將產生什麼影響，所以在寫作的時候，我只選擇了那些對歷史影響深遠和促進歷史發展的事件。」斯塔夫里阿諾斯老師道。

「並且，我認為世界歷史講述的應該是全球的歷史，而不是某一國家或地區的歷史，它關注的應該是世界上所有民族，而不僅僅是西方那些民族或非西方那些民族。我希望我的讀者在讀這本書的時候，能夠感覺自己正在月球上俯視我們所在的這個星球，從那上面來看我們地球的歷史。」

「19世紀時，在西方學術界普遍瀰漫著一股西方中心論的價值取向，而歷史領域就是這種腔調的主要陣地，所以一些西方史學家在編纂世界歷史的時候，常常會誇大西方文明對人類社會發展的貢獻，忽視或否認非西方世界的歷史。從這點來說，老師您能主張全球史觀，反對西方中心論，是很了不起的。」眼鏡哥稱讚道。

聽到有人稱讚，斯塔夫里阿諾斯老師很開心，他笑道：「我覺得西方中心論太片面，只有用全球的眼光去看世界歷史才完整。並且世界歷史不是各個民族歷史的簡單羅列，也不是各種文明的簡單疊加，我們要從整體上去考慮，要從整體上去觀察人類的歷史。在研究世界歷史的時候，我們還要注意各民族在不同時期的相互交往，以及這些交往對人類歷史的重要作用。只有應用全球性觀點，才能了解各民族在不同時期相互影響的程度，以及這些影響對人類歷史進程的重大作用。」（如圖15-1所示）

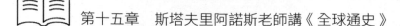

歷史學家說：
世界歷史不是各個民族歷史的簡單羅列，也不是各種文明的簡單疊加，我們要用全球性的眼光去了解各民族在不同時期相互影響的程度，以及這些影響對人類歷史的重大作用。

圖 15-1　我們需要全球史觀

一同學問道：「老師，世界歷史應該是由世界所有民族共同創造的。因為種種原因，在同一時期，可能會出現有些民族領先，有些民族落後，這應該怎麼看呢？」

斯塔夫里阿諾斯老師答道：「其實這也是符合歷史發展規律的，我們應該平等看待這些民族。任何民族不能因為自己在某一時間段處於領先地位就自認優越於其他民族，去否認其他民族的功績。研究世界歷史要平等看待各個民族對世界歷史發展所做的貢獻，通史也要考慮不同時期各個民族的獨特性和一致性。」

「老師您的《全球通史》以西元 1500 年為界，將人類歷史分為 1500 年以前的世界和 1500 年以後的世界這兩個階段，您為什麼要這麼劃分呢？」一同學問道。

「因為西元 1500 年以前，各民族都處在不同程度的彼此隔絕狀態，相互之間的交往還不具備普遍性。但是 1500 年以後，由於『地理大發現』和西方資本主義的興起，導致原來彼此孤立的地區和國家開始連成一個整體，世界歷史開始轉向全球階段。」斯塔夫里阿諾斯老師解釋道。

「老師，您的《全球通史》為我們再現了新石器時代文化面貌特徵，並講述了人類走向文明的原因；還講述了文明的產生、文明的類型及文明發展的內在動力，文明的終結以及全球化的到來。」眼鏡哥道。

「尤其是您的近代史，很好地體現了您的整體史觀。開頭部分，您就為我們描述了全球史到來的標誌性事件和原因。然後又用很大篇幅描述了支撐一部全球史的科學革命、工業革命、政治革命等。最後，您總結了近代文明的政治、經濟和文化的意義。」

「是的，這是我通史的主要脈絡。」斯塔夫里阿諾斯老師道。

「老師您雖然提倡運用全球史觀來書寫世界歷史，反對將世界歷史書寫成西方歷史，但是您卻把人類歷史書寫成歐亞大陸各文明地區的歷史，您將非歐亞大陸地區的歷史排除在世界歷史之外，其實這還是『西方中心論』。」眼鏡哥道。

「我之所以將非歐亞大陸的文明看作是對歐亞大陸文明史的補充，主要因為那些地區的文明缺乏和歐亞大陸文明的來往和連繫，沒有產生對世界歷史有影響的事件，所以不具有世界歷史的意義。」斯塔夫里阿諾斯老師解釋道。

「老師，非歐亞大陸的文明也有自己的發展軌跡，其努力也應該得到尊重，不是嗎？您沒有平等地對待各地區的文明，這就不是真正的全球史觀。您將世界歷史等同於歐亞大陸的歷史，這樣的做法怎麼能很好地解釋世界歷史現象呢？」眼鏡哥反問道。

「可能因為我還是一個西方人吧，潛意識中還是有西方中心論的，這也是時代的局限。」斯塔夫里阿諾斯老師有些尷尬地笑道。

「同學們，每一個時代都會書寫屬於自己的歷史，因為每個時代都會面臨新的問題，產生新的疑問，需要給出新的答案。屬於我的時代已經過

去了，現在是你們的時代，需要你們提出新的問題，給出新的答案，創造新的歷史。」

第二節　地理環境對人類發展的重要作用

「老師，我發現很多歷史著作都有關於地理的論述，像司馬遷的《史記》，希羅多德的《歷史》，還有您的《全球通史》，裡面都有很多地理知識。是不是人類歷史跟地理環境有很大關係？」一同學問道。

「當然了，地理環境和人類歷史的發展有很大關係。我認為古代歐亞大陸那些文明的生活方式，比如早先的新石器時代的文化，就深受地理環境的影響。」斯塔夫里阿諾斯老師道。（如圖 15-2 所示）

「比如，美索不達米亞的地理位置特殊，經常遭受侵略，一次次外來的侵略讓該地區發展起來，所以，美索不達米亞的歷史受地理影響非常明顯。」

停頓了一下，斯塔夫里阿諾斯老師繼續道：「其實，蘇美人和其後繼者的宗教信仰也深受自然環境的影響。為什麼這麼說呢？因為北部地區的大雨再加上札格羅斯山脈和托羅斯山脈的積雪，讓底格里斯河和幼發拉底河的河水每年都會泛濫。泛濫的河水除了用於灌溉，還摧毀了農田。所以在蘇美人的眼裡，他們的洪水之神 —— 尼諾塔，是一位惡毒的神。」

「因為每年對洪水的恐懼，再加上外族入侵的威脅一直存在，讓蘇美人覺得自己獨自面對許多無法控制的力量，所以他們的人生觀帶有恐懼和悲觀的色彩。他們以為人生來只是為神服務的，而神的意志和行為又是無法預言的，所以他們常常用各種方法來預測變幻莫測的未來。」

蘇美地理位置

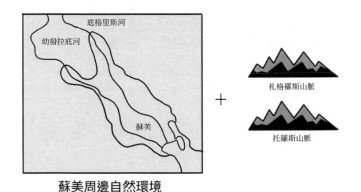

蘇美周邊自然環境

圖 15-2　蘇美文明與地理環境的關係

「原來是這樣。」一位同學感嘆道。

　　另一位同學道：「產生於尼羅河流域的埃及文明，它的西面是利比亞沙漠，東面是阿拉伯沙漠，南面是努比亞沙漠和大瀑布，北面是海岸，它的四周都被自然屏障很好地保護起來，很少受到外族的入侵，所以埃及文明才能從法老時期一直保存到現在。而克里特文明因為地處地中海東部的中間，四周都是大海，適合用船航行，所以成為地中海地區的貿易中心。」

「是的，地理環境對古文明的文化、宗教、交通、政治等都有重要作用。」斯塔夫里阿諾斯老師道，「所以你們學習世界歷史時要對世界歷史地理有所了解，這樣才能更好地理解世界歷史。」

「老師，世界歷史地理就是地球上各個大陸地理嗎？」一名同學問道。

斯塔夫里阿諾斯老師回答道：「把地球簡單劃分成若干大陸，我覺得是對世界歷史地理的一種曲解。這種劃分方法對學地理的學生可能有用，但是對學世界歷史的同學來說沒什麼意義。因為世界歷史要求我們能著重研究那些對人類歷史發展有重大影響的歷史運動，所以我們在研究世界歷史地理時，也只能挑那些發生重大歷史運動的區域去研究。」

「所以，老師您挑選了歐亞大陸？」一名同學問道。

「是的。」斯塔夫里阿諾斯老師道，「因為歐亞大陸是獨一無二的，它從新石器時代以來，一直就是世界歷史的中心，是人類文明發展的中心地區。它的面積只占地球陸地總面積的五分之二，但是人口卻占世界人口的十分之九，並且人類最先進、最持久的文明就是從這裡發展的，可以說人類的歷史就是歐亞大陸各文明地區的歷史。對於這點，有同學提出了不同的看法，我們各自保留自己的看法吧。」

斯塔夫里阿諾斯老師繼續道：「人類文明在美索不達米亞發展起來後，開始向歐亞大陸和美洲等地發展，然後繼續向四面八方傳播，從而產生了美索不達米亞文明、埃及文明、克里特文明、印度河流域文明及黃河流域文明。」

「其實人類西元 1500 年以前的歷史不是全球範圍的歷史，只是地區性的歷史。當人類被分散到各大陸之後，因為技術水準的限制，人們的活動範圍也被限制，以後的幾千年，人類生活在孤立的地區中。」

停頓了一下，斯塔夫里阿諾斯老師又道：「不過，因為歐亞大陸的特殊地理環境，讓各文明可以相互接近，所以在很長一段時間裡，它們可以相互促進、相互威脅，最終都得到很大的發展。但是同時期的非洲、南北美洲和澳大利亞各民族因為沒有什麼連繫，完全被隔離在自己的大陸上，處於與世隔絕的境地，所以發展緩慢。」（如圖 15-3 所示）

圖 15-3　歐亞大陸的文明與其他文明的對比

「老師，您的意思是人類之所以發展進步，主要在於各民族之間的相互影響嗎？」一名同學問道。

「人類學家朗茲·博亞茲曾說過：一個社會集團文化的進步，主要取決於它是否有機會吸取鄰近社會集團的經驗。社會集團之間的交流越多，相互學習的機會也就越多，進步也就越快，而那些與世隔絕的部落，將不能從鄰近部落的文化成就中獲得好處。」斯塔夫里阿諾斯老師道。

「所以我認為，地理上的可接近性是影響人類社會發展和進步的重要因素，這就是『文明發展與地理可接近性原則』。我認為如果地理因素都一樣，那麼影響人類進步的關鍵就是各民族之間的可接近性。那些有機會與其他民族相互影響的民族，可能會獲得快速發展。」

「為什麼相互接近就能促進發展呢？」一名同學不解道。

「因為環境的壓力。」斯塔夫里阿諾斯老師解釋道,「相互接近除了帶來發展的機會,還帶來了被淘汰的壓力。各個民族相互接近後,如果不能很好地利用機會發展自己,那麼就面臨被同化或者被消滅的危險,所以必須不斷地發展自己。而那些處於封閉狀態下的民族,既得不到外來民族的促進,也沒有外來民族的威脅,所以可以跟原來一樣過幾千年。」

「看來地理環境對人類歷史的影響確實很大,難怪整個《全球通史》裡面有很多關於歷史地理的敘述。」

第三節　世界歷史的獨特書寫方式

「老師,您的《全球通史》也將文明作為歷史研究的基本單位,並且您還對文明做了具體的說明,您說文明的特徵包括城市中心、由制度確立的國家的政治權力、納貢或稅收、文字、社會分化為階級或等級、巨大的建築物、各種專門的藝術和科學等。」一名同學道。(如圖 15-4 所示)

斯塔夫里阿諾斯老師點頭道:「是的。除了從整體上考察人類歷史,用全球史觀來寫世界歷史,我還運用比較史學的方法,將一些文明做了比較。比如,從古典時期向中世紀的過程中,我就比較了西方文明和中國文明遭受遊牧民族侵略的不同影響。」

「老師,您為什麼要將不同文明進行比較呢?」一同學問道。

「我發現透過比較可以減少史學家的偏見。如果史學家局限於一個國家民族史的小範圍之中,將不可避免地陷入沼澤之中無法自拔,無法去了解其他民族的歷史,也無法真正了解自己研究的歷史。透過比較則可以讓歷史的真面目出現,可以客觀地論述各民族對世界歷史所做的貢獻。」斯塔夫里阿諾斯老師道。

圖 15-4　文明的特徵

　　「比如，透過西方文明和中國文明的比較，我發現在古典時期，西歐並沒有中國富裕。當時中國的生產率遠遠高於西方，從農業出現至今，中國的人口也比西方稠密，因為生產率和人口上的優勢，中國能很好地維持自己的帝國統治，能更好地抵抗蠻族入侵，必要的時候還能同化他們。」

　　「透過比較我還發現，西方沒有中國那樣完善的文字系統和科舉制度。文字系統可以保證文化持久的同一性，而科舉制度又能提高行政效率，增加其穩定性。還有一點就是，羅馬邊境的敵人相對來說更難對付一些。因為這幾方面，導致西方古典文明最後不可避免地消亡了。」

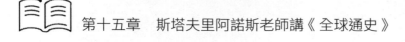

一名同學道：「不過，我認為西方古典文明的消亡卻為後來的技術革命掃清了道路，使得西方在近代走到了世界的前面。」

「是啊，世界的發展既有統一性和整體性，又有多樣性和特殊性。」另一名同學道。

「老師，以往歷史都是根據『古代 - 中古 - 近代』來劃分的，但是您將世界歷史以西元 1500 年為界進行劃分，我覺得後面這種劃分方法更加科學。」一位同學稱讚道。

「因為我覺得以往那種『三分法』帶有以西方為中心的思想。大家也知道，『中世紀』是西歐地區獨有的，如果用『三分法』這種只適合西歐歷史的方法來劃分世界歷史，就是將世界歷史置於西歐歷史之中，這樣的歷史就不是我要寫的世界歷史。」斯塔夫里阿諾斯老師道。

「如果按照以往的『三分法』去劃分世界歷史，那麼中國就處於一個很尷尬的位置，因為中國近代史的開端比西方近代史的開端晚好幾百年。如果那樣的話，只能分別按照世界和中國兩個歷史表去記錄不同時期發生的大事了。」久未發言的眼鏡哥道。

「而老師您既然選擇了用全球史觀去寫世界歷史，那麼就需要以全世界發生大事的時間為節點去書寫，這樣才能平等、客觀地將各民族的歷史展現出來。這樣不同地區的人在讀《全球通史》的時候，才能直觀地將世界同時期所發生的事情都連繫起來。老師，您的這種劃分方法真的是一大創舉，讓人眼睛一亮啊。」

「能得到讀者的認可，是我最大的榮幸。」斯塔夫里阿諾斯老師高興道。

「為了方便讀者閱讀，我還在每章前面加上了導言，這樣讀者就能更加直觀地了解我接下來將要講述的內容，不過我只是對本章的內容進行一

個客觀的概述，很少發表個人的主觀見解。」

「老師，讀您的《全球通史》感覺很親切，沒有歷史的那種年代感，就像在跟您聊天似的，您是怎麼做到這一點的呢？」眼鏡妹問道。

「我在每編的結尾處添加了『歷史對今天的啟示』，雖然這部分內容不是該編的內容，但是卻沒有離開對某段歷史的思考，並且這些思考是我對歷史的了解，這樣可以讓讀者將過去和現在連繫起來，增加歷史的現實感。」斯塔夫里阿諾斯老師解釋道。

「看老師的《全球通史》，感覺裡面的故事好像就發生在眼前，好像自己也身處其中，讓我覺得歷史跟現實有很大的關聯，很多在歷史中存在過的問題，在現實中依然存在，這樣我們就能從歷史中尋求借鑑。」一名同學道。

「同學們，20世紀的世界是一個困難重重的世界，20世紀的人類面臨著種種問題，如種族衝突、貧富差距、人口爆炸、城市化、核子戰爭、生態環境等。我認為人類的這些問題是技術革命與技術革命所需要的相應的社會革命時間滯差造成的。」斯塔夫里阿諾斯老師道。

「我寫《全球通史》這本書，就是為了讓人們看到技術革命與社會革命之間的時間滯差，讓大家思考歷史對我們今天到底意味著什麼，從而改造當前的社會服務。20世紀是一個『非零和關係』的世界，在這個世界裡，大家不是都贏就是全輸。我認為只有進行有效的全球合作，才能實現人類的美好願望。」

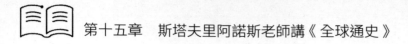

第十五章　斯塔夫里阿諾斯老師講《全球通史》

第十六章
甘迺迪老師講《大國的興衰》

本章主要介紹了英國史學家保羅·甘迺迪的代表作《大國的興衰》，揭示了西元 1500 年到 20 世紀末近 500 年間大國興盛和衰亡的原因，並對甘迺迪的預言進行了辯證分析。

保羅・甘迺迪

（Paul Kennedy，1945 至今），英國歷史學家，皇家歷史學會會長，現為美國耶魯大學歷史學教授，重點研究和講授當代策略和國際關係。曾榮鷹迪爾沃恩稱號，出版了多部有關海軍史、帝國主義、英德關係、策略和外交等的著作，在世界史學界享有頗高聲譽。

他出生於英國泰恩塞德，1966 年畢業於英國紐卡斯爾大學，是家中的第一個大學生。他在牛津大學攻讀博士學位，從 1970 年起執教於英國東安格利亞（East Anglia）大學，先後任講師和教授。

第一節　蒼茫大地，誰主沉浮？

週一剛上班，李彤就被劉記叫到他的辦公室。李彤很忐忑，心想劉記這次又會批評她什麼呢？

「你一直以來各方面表現不錯，提前結束你的試用期將你轉成正式，把這張表拿去，填好後交上來。」劉記以一貫冷冷的口吻道。

原來是轉正申請表！李彤激動得對劉記深深鞠了好幾躬，她知道劉記平時的苛刻都是為了自己好，要不是劉記的苛刻，自己也不會去 A 大上歷史課，更不會有這樣快速的進步。對了，還要感謝介紹自己去 A 大的同學及小安助教。李彤準備這個禮拜上完課請他們一起吃頓飯，表達自己的謝意。

週六一早李彤就來到了 A 大教室，跟小安助教說了一起吃飯的事。

上課前，小安助教告訴他們今天上的是這期實驗的最後一堂課。李彤有些驚訝，自己剛入歷史學的大門，怎麼就沒了呢？以後該怎麼辦？小安助教安慰道，只要用心將這段時間的上課體驗寫出來，就能贏得下一期的

歷史學聽課資格。聽到還有下期，李彤才安心去上課。

戴上頭盔，李彤發現自己在一個教室中，教室前面站著一位白頭髮的慈祥老者，他熱情地跟大家打招呼，並很紳士地讓大家坐下，笑著說：「我是保羅・甘迺迪，不是甘迺迪總統啊。」

一同學笑道：「雖然老師您不是總統，但是您的《大國的興衰》譽滿全球啊。」

「這都是大家的抬愛。」甘迺迪老師謙虛道，「其實我這本書只對西元1500 年到 2000 年這五個世紀國際舞台上的主角進行了研究，研究這些世界大國興衰變化的歷史，跟別的歷史著作比還差了很多啊。」

「但是老師您以一種全新的、整體的、宏觀的視角去看待全球格局，去探討大國興衰的歷史，這對我們很有啟發意義，並且您的書中還有很多策略觀點，對我們也非常有用。」眼鏡哥道。

「有用就好。」甘迺迪老師道，「我們今天就來說說世界大國的興衰歷史吧。同學們，你們認為一個國家怎麼才能算是『大國』呢？」

同學們有說地大物博的，有說人口眾多的，有說經濟體量大的，有說科技強、軍事強大的。

聽到同學們五花八門的答案，甘迺迪老師道：「同學們，一個大國不是說在某一地域內拔尖，主要看它是否主導了世界經濟和政治，大國之大不在於一國的龐大，而是跟周邊其他國家比有沒有別人無法比擬的優勢。並且一個國家的興衰跟它的經濟和軍事實力有很大的關係。」

一名同學道：「老師，您關於大國興衰與其經濟力量的變遷讓我留下了深刻的印象。您說一個國家經濟力量的興盛與其總體力量的強弱及其在國際中的地位有著相同的趨勢，並且還說不同時期經濟力量有著不同的表現形式。」

「是的。」甘迺迪老師道,「在工業革命之前,一個國家的經濟力量主要體現在國家財政能力,即籌集資金的能力上。為什麼這麼說呢?因為那時無論是艦隊、常備軍還是雇傭軍的供養都需要大筆資金。16至19世紀,歐洲長年發生戰爭,而且戰爭規模不斷擴大,戰爭費用呈螺旋式上升,只有那些容易籌到錢的國家才能最終取得霸權地位。你們想想,國家怎樣才能籌集到足夠的資金呢?」(如圖16-1所示)

「財政收入和借貸。」一同學答道。

甘迺迪老師道:「是的,國家可以依靠本國經濟和貿易的發展,以及合理的稅收政策獲得財政收入,可以從富商和金融銀行家那裡獲得貸款,政府還可以發行債券進行借貸。當時的荷蘭有著完善的金融體系和繁榮的貿易,所以雖然它的面積不大,但是取得了不錯的軍事成績。到英法大戰時,英國憑藉其穩健的財政制度和良好的借貸信譽總是技高一籌。」

「但是,工業革命發生以後,財政和借貸的重要性就大大降低了,那時一個國家的經濟實力主要體現在生產能力尤其是工業生產能力上。」停頓了一下,甘迺迪老師接著道。

「那時誰掌握了新技術,誰推進工業化,誰的實力就得到增強。英國率先實行了工業化,成為一個製造業大國,並將國民生產總值的大部分投入海軍建設,於是它成為19世紀的『日不落帝國』,成為世界霸主。」

甘迺迪老師繼續道:「『二戰』結束後,美蘇兩個大國憑藉其超強的工業實力和軍事力量,成為新的世界霸主,它們開始了緊張而激烈的軍備競賽。不過大國的實力對比狀況依然無法擺脫經濟增長相對速度的魔咒,美國、蘇聯和傳統歐洲強國的實力會相對減弱,它們在世界經濟體中所占的比重也逐漸減小,日本和中國的占比則逐漸增大。」

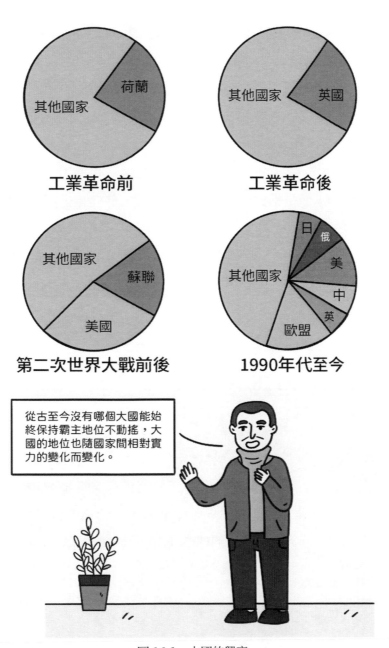

圖 16-1　大國的興衰

「老師，您說美國會衰落，但是直到現在美國還是世界第一大經濟體啊！」一同學道。

甘迺迪老師道：「同學們，從古至今沒有哪個大國能始終保持霸主位置不動，大國的地位也隨國家間相對實力的變化而變化。我們在評判一個國家時，要將它放置在國際關係的總體背景中去審視。」

「老師，您的意思是當我們評判一個國家時，不是根據它自身力量的發展變化去評判，而是根據它在國際中相對實力的變化去評判，是嗎？」一名同學問道。

「是的。」甘迺迪老師道，「就像『二戰』結束後，英國的經濟水準並沒有比戰前衰落，但是跟後起之秀美國和日本比，它的優勢在逐漸消失，劣勢在不斷擴大。」

第二節　大國興衰的密碼是什麼？

「老師，為什麼英國會衰落呢？」一名同學問道。

「19 世紀英國依靠工業革命成為經濟強國。一個國家的經濟發展起來後，在安全上就有了更高的訴求，於是開始將大量資源向國防和軍事方面傾斜，並且利用軍事上的優勢向外不斷擴張，以此來獲得更多的經濟利益，贏得大國的身分。但是過度的擴張在帶來利益的同時，也給自己帶來了危害。」甘迺迪老師道。（如圖 16-2 所示）

「如果國家將大量的資源用在國防上面，就會導致軍事開支大增，從而影響國家經濟的長期前景。另外，一個國家如果過度擴張，還會導致樹敵過多，讓自己陷入多線作戰的不利局面，甚至會導致失敗。」

「19 世紀末的英國就處於這樣過度擴張的狀態。」眼鏡妹分析道，「美

國的崛起讓英國在西半球的利益受到挑戰；而近東、波斯灣的勢力又遇到俄國的威脅，它在中國的利益受到其他新勢力的損害。在歐洲，野心勃勃的德國對它構成了極大的威脅，這時過度擴張的弊病就呈現出來了，其防衛非常虛弱。」

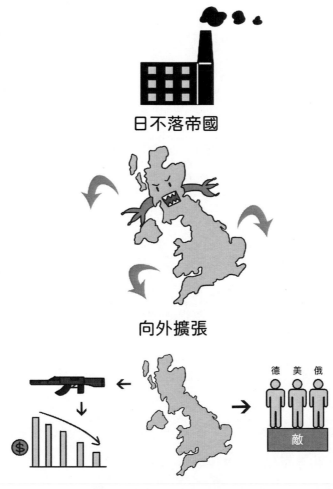

擴張導致經濟衰退，樹敵過多，最後多線作戰，導致衰落

圖 16-2　英國的衰落

「是的。」甘迺迪老師點頭道,「雖然英國採取了一系列措施來緩解過度擴張造成的困境,但問題並沒有得到解決,『一戰』結束後它的處境越來越糟糕。」

另一名同學接著道:「『二戰』中,英國雖然依舊是三大國中的重要一員,但是在戰爭中嚴重損耗了自己的實力。沒有辦法,英國主動開始了自己的策略收縮,允許印度等殖民地獨立,並放棄了對希臘、土耳其等國家的保護來減少海外負擔。雖然這些措施延緩了帝國的衰落,但是卻無法阻止其最終的衰落,這是為什麼呢?」

「因為從 19 世紀末開始,英國的工商業就開始相對衰落了,兩次世界大戰不過是加速了這個趨勢。英國經濟實力衰退之時,也是昔日『日不落帝國』衰落之時。英國的過度擴張才導致了其經濟力量的相對衰落,兩次世界大戰不過加速了其衰落。」甘迺迪老師分析道。

「而『二戰』時德國和日本的過度擴張,則是大國過度擴張帶來毀滅性打擊的例子。『二戰』時,德國和日本雖然都是高效率的戰爭機器,但是它們的擴張計畫遠遠超出了其能力承受範圍。雖然它們占領的廣大土地替它們帶來了很多利益,但是也分散了它們有限的力量,並且過度擴張也為它們樹立了太多的敵人,在其擴張計畫實施過程中肯定會遭到其他大國的反抗和干預,最終必然失敗。」

「同學們,從英國的興衰和德國、日本的衰落中,你們得出了什麼結論?」甘迺迪老師問道。

「大國興起是因為經濟和科技發達,導致軍事強盛,然後開始對外征戰擴張,但也正是因為過度侵略擴張,又導致經濟和科技相對落後,最後大國開始衰落。」一名同學答道。(如圖 16-3 所示)

歷史學家說：
因為經濟和科技發達，導致軍事強盛，然後開始對外征戰擴張，大國興起，但也正是因為過度侵略擴張，又導致經濟和科技相對落後，大國開始衰落。

圖 16-3　大國的興起與衰落

「很好。」甘迺迪老師道，「同學們，除了戰爭時期存在過度擴張的問題，和平時期也會存在策略過度擴張的問題。比如國防、消費和投資這三方面的競爭需求，如果沒有達到一個大致的平衡，那麼一個大國就不可能長久地保住它的大國地位。此外，還有一些大國，既沒有對自身的實力做出正確評估，也沒有充分考慮對外行動的代價和收益，於是讓自己背上了沉重的負擔，不斷消耗自己的資源和實力，最終讓自己失去了大國地位，這個典型的例子就是蘇聯。」

「老師，如果它們的擴張沒有過度，沒有超出自己的能力承受範圍，是不是就不會衰落，而是會越來越好呢？」一名同學問道。

「是的。所以每一個大國要謹慎地衡量自己的真實能力，並在這個能力的基礎上制定自己的合理目標，這樣才能保證自己大國的位置。」甘迺迪老師道。

「就像美國，現在已經是世界超級大國，其經濟和軍事地位也無人可及，不過現在它在世界範圍內控制的領域也在不斷擴大。我認為美國在全

球的利益和它所承受的義務已經超過了它能保衛的能力，加上現在中國和日本興起，美國的相對實力正在減弱，其大國地位岌岌可危。」

停頓了一下，甘迺迪老師又道：「雖然中國現在的經濟體量跟美國相比還存在一些差距，但是我很看好。因為巨大的增長潛力。不過這一切都只是猜測，至於結果到底怎樣，我們還是拭目以待吧。」

第三節　如果重寫，你會改變觀點嗎？

李彤看著眼前滿頭華髮的老人，不禁感慨萬千，當年保羅‧甘迺迪老師出版《大國的興衰》一書時年僅 42 歲，風華正茂。而今三十多年過去了，老師容顏已變，不知觀點是否改變？

「這位同學，你是不是有什麼想說的？」甘迺迪老師微笑著問道，那目光彷彿洞悉了李彤的想法。

「老師，距離您的書出版已經過去三十多年了，這期間世界形勢發生了很大變化，您曾經預言美國會走向相對衰落，但是蘇聯解體之後，美國卻成了唯一的超級大國，您對自己的結論懷疑過嗎？如果要您重寫，您會改變自己的觀點嗎？」李彤好奇地問道。

甘迺迪老師看著下面的同學，沉聲說道：「其實這個問題我之前也仔細想過，那時有出版社讓我幫這本書寫一篇新的前言，當時我就想了很多，不過我認為書中的主要觀點是不需要改的！」

甘迺迪老師清了清嗓子，接著說道：「因為 500 年大國興衰的歷史說明，大國的經濟實力和地位，與其相對應的軍事實力或地位是相關的，這點沒變，所以大國的興衰還是由相對的經濟實力來決定的。大國的經濟基礎決定和影響其在國際上的地位。」

「比如說，中國這三十多年來因為經濟不斷增長，在國際上的影響力也越來越大。現在走到哪裡都能聽到人們在談論中國，在討論中國對國際事務的影響。從這裡我們就能看出，中國在國際上的影響力源自於其經濟的快速發展。如果中國的經濟開始下滑，那麼中國在國際上的影響力也會下滑，這裡有個典型的例子。」

一名同學道：「就像日本，當年日本經濟快速發展時，它在國際上的地位很高，但是從 1990 年開始日本經濟停止增長，於是它在國際上的影響力也降低了很多。」

甘迺迪老師連連點頭道：「這位同學舉的例子很好，正好說明了我的觀點！其實這是一個很普遍的現象，一個大國經濟發展強勁時就會興盛，就會受到很多的關注。如果經濟疲軟，它在國際上的相對地位就會下滑。雖然不同大國的具體情況各不相同，還有其他一些很重要的因素在影響其國際地位，但是不可否認大國興衰主要還是取決於經濟！」

李彤又問道：「老師，您說過『世界從來不會停止不前』，從您的著作中我們也看到歷史上沒有哪個大國能永遠保持霸權，大國興衰的歷史會不斷重演，那麼美國會走向衰落，中國會崛起嗎？」同學們聽到李彤的問題，都用期待的目光看著甘迺迪老師。甘迺迪老師詼諧地笑道：「對於這個問題，我的回答就是我們還需要觀望！」

「為什麼說還要觀望呢？因為美國經濟現在是各種跡象都存在，創新和科技在進步，失業人數在不斷減少，不過它在全球市場上卻年年退縮和失利。像投資、基礎教育、醫保總體水準等，跟 1950 年代艾森豪威爾執政時期相比都相對減弱了。」

甘迺迪老師接著說：「現在世界經濟的總體趨勢就是東升西降，世界的經濟中心在逐漸向亞太地區轉移，亞洲和非洲在世界經濟的份量相對上

升，而美國和歐洲在世界經濟的份額正在相對下降，不過這個勢頭並不是不可逆的。因為美國經濟是多元化的，並且體量巨大，完全可以透過創新和技術進步來遏制並逆轉相對衰落的趨勢。」

「同學們，你們要記住大國的興衰都是相對的，是有條件的。就目前來說，長期趨勢是美國在世界經濟中所占的份額跟過去相比減少了，如果用經濟、軍事指數來衡量美國的話，我想說美國可能失去世界第一的位置將是大機率事件，不過因為美國內在的實力和資源規模太龐大了，所以不會因此失去大國的地位，在國際事務中仍然有很強的影響力！」甘迺迪老師平靜地說。

「老師，對於最近美國和中國的貿易戰，您是怎麼看的呢？」一名同學問道。

甘迺迪老師嘆氣道：「我一直認為想要保住大國地位的重要條件就是保持競爭，而非閉關鎖國，國家之間只有透過相互競爭才能保持活力，而閉關鎖國肯定會導致落後。」

「是的，中國的清朝就是一個非常好的例子，所以我們現在無論如何都要開放！」那名同學激動地說。

「是啊，你們也知道，競爭是一種激勵機制，國與國之間的正當競爭，可以讓國家為了提高自己的國際地位和話語權而不斷改進技術，在增強經濟實力的同時，促進國內政治和經濟體制不斷完善。現在，世界已經一體化了，各國之間的貿易早就緊緊連繫在一起了，這時大國如果對對手下手太狠，也會將自己拖入一個無底洞。」

甘迺迪老師無奈地說：「歷史發展到今天，大國之間早已不是你輸我就能贏的簡單博弈。現在是第四次工業革命，其價值理念是資訊分享和成果共享，像過去那樣壟斷和爭奪的觀念已經很難適應新階段的發展了，想要關起

門來保護自己那就更難了，不僅代價越來越大，並且效果也越來越小。」

甘迺迪老師看了一眼下面的同學，緩緩說道：「同學們，在我們結束這節課之前，我想留一個問題給大家思考：歷史的發展過程有一個很有規律的現象，那就是每一次科技革命總會讓一些國家崛起。第一次科技革命後，英國崛起了；第二次科技革命後，德國、美國、日本崛起了；第三次科技革命，美國成為全球科技創新的中心和引領者。那麼，這次科技革命，世界格局會變成什麼樣？又有哪些大國會崛起呢？」（如圖 16-4所示）

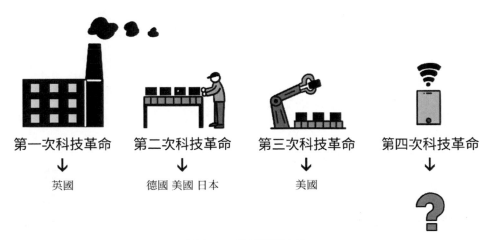

圖 16-4　誰是後起之秀

說完這些後，甘迺迪老師揮揮手，在大家眼前消失了，身後傳來如雷鳴般的掌聲！

歷史學哪有這麼阿雜：

查古人資料、挖死人骨頭……還不如直接聽古人怎麼說！十六位
史學大家現身說法，沒有比這更能活學活用的了！

作　　者：曲水

發 行 人：黃振庭

出 版 者：崧燁文化事業有限公司

發 行 者：崧燁文化事業有限公司

E-mail：sonbookservice@gmail.com

粉 絲 頁：https://www.facebook.com/
　　　　　sonbookss/

網　　址：https://sonbook.net/

地　　址：台北市中正區重慶南路一段六十一號八
　　　　　樓 815 室

Rm. 815, 8F., No.61, Sec. 1, Chongqing S. Rd.,
Zhongzheng Dist., Taipei City 100, Taiwan

電　　話：(02)2370-3310

傳　　真：(02)2388-1990

印　　刷：京峯數位服務有限公司

律師顧問：廣華律師事務所 張珮琦律師

-版權聲明

定　　價：375 元

發行日期：2023 年 09 月第一版

◎本書以 POD 印製

國家圖書館出版品預行編目資料

歷史學哪有這麼阿雜：查古人資
料、挖死人骨頭……還不如直接
聽古人怎麼說！十六位史學大家
現身說法，沒有比這更能活學活
用的了！/ 曲水 著 . -- 第一版 . --
臺北市：崧燁文化事業有限公司，
2023.09
　　面；　公分
POD 版
ISBN 978-626-357-572-1(平裝)
1.CST: 史學 2.CST: 通俗作品
601　　　　112012628

電子書購買

臉書